Library of
Davidson College

LUIS MUÑOZ MARIN Y
SUS CAMPAÑAS POLITICAS

LIEBAN CÓRDOVA

LUIS MUÑOZ MARIN Y SUS CAMPAÑAS POLITICAS

Memorias de su
Secretario-Taquígrafo Personal

EDITORIAL DE LA
UNIVERSIDAD DE PUERTO RICO
1985

Primera edición, 1984
Reimpresión, 1985

Derechos reservados conforme
a la Ley
© Universidad de Puerto Rico, 1984

Catalogación de la Biblioteca del Congreso
Library of Congress Cataloging in Publication Data

Córdova, Lieban.
   Luis Muñoz Marín y sus campañas políticas.

   1. Puerto Rico — Politics and government — 1898-1952.
2. Muñoz Marín, Luis, 1898—1980. . I. Title.
F1975.C755   1984   972.95'05   83-26083
ISBN 0-8477-2472-7 (pbk.)

Impreso en República Dominicana
Printed in Dominican Republic

Editorial de la Universidad de Puerto Rico, Apartado de Correos X,
Estación de la Universidad de Puerto Rico,
Río Piedras, Puerto Rico 00931

LUIS MUÑOZ MARIN

Inés María Mendoza viuda de Muñoz Marín

INDICE

		Página
Dedicatoria y reconocimiento		xi
Nota preliminar		xiii
Prólogo		1
Introducción		3
Capítulo I	Un genio	7
Capítulo II	Haciendo un poco de historia	17
Capítulo III	El Estado Libre Asociado (ELA)	23
Capítulo IV	Un libre instrumento de justicia social	33
Capítulo V	Temas generales (anecdotario)	
	Un compromiso que cambia el curso de una vida	35
	Una obra grande y noble	37
	Un alma en pena vagando por el calvario	39
	Un fenómeno	51
	"El filósofo"	53
	Un árbol caído	54
	Cogiendo agua en un cesto	56
	La epístola "de un hombre ensoberbecido a un hombre estupefacto"	57
	Nacimiento del Partido Popular	65
	Con el pecho, con el alma, sin dinero	68
	El significado del voto y su venta	72
	El "Catecismo del Pueblo" y "El Batey"	75
	Leyes fundamentales	77
	Anécdotas	78
	"Al César lo que es del César"	87
	Leyendas, rumores y comentarios	88
	Lo que le sucedió a Ramos Antonini	90

	Página
Un "espectáculo nunca visto en nuestra historia"	92
Acto que sentó un precedente	95
Gritos y lágrimas, carcajadas y suspiros	97
Diplomático y equilibrista	100
Renuncia; carta al presidente Roosevelt y "revolución" en las urnas	101
La "vitalidad inmortal de la democracia"	103
Carta del presidente Roosevelt	105
Un desmayo	106
La entrada del pueblo en escena	108
Discurso del señor Muñoz Marín al ser elegido Presidente del Senado	111
Organización y constitución de los cuerpos legislativos	115
Aprobación de leyes fundamentales ofrecidas al pueblo	116
Cantando, riendo y llorando	117
Consecuencias de una conferencia de Géigel Polanco	120
Un documento trascendental	121
El grito de "¡Hace falta un hombre...!"	123
Sobre "el robo de los cuatro millones de dólares"	125
No había secretario que resistiera el tren de lucha	130
"Misterio"	133
Una diablura del destino	137
"¡Pobre de Erasmo!"	138
Un "cuartelazo" en la Cámara de Representantes	139
Alternando el trabajo con el juego	140
Intento de suicidio por venta del voto	142
"¡Ahora ustedes se encargan!"	144
Una Asamblea que causó borrascas.- Frases fervorosas que se cruzaron Arjona Siaca y Muñoz Marín	146
Las cuatro cosas que Muñoz Marín deseaba que los campesinos recordaran	155
Lo que ocurrió en una casa de Ceiba.- Una pesada broma del cabo Rodríguez	157

	Página
Se alternaban bromas con una dolorosa noticia	162
"¡El que vende su voto, vende a sus hijos...!"	164
"Un ciclón popular"	165
El ciclo de iniciación del liderato de Muñoz Marín	166
Recuerdos	168
Mis dos cariños	169
Fabricantes de bromas, forjadores de intrigas y la "tablita"	173
Bibliografía	176

Dedicatoria y reconocimiento

A doña Inés María Mendoza viuda de Muñoz Marín, maestra de español, escritora, Primera Dama de Puerto Rico, con respeto y expresión afectuosa, le dedico esta obra que indudablemente le llenará de recuerdos.

Ella colaboró intensamente con don Luis Muñoz Marín; estuvo junto a él, sus seguidores y simpatizantes durante las campañas políticas desde el inicio mismo de la fundación del Partido Popular Democrático; le servía de estímulo y le infundía ánimo al inolvidable patriota en momentos de tristeza.

Nota preliminar

Origen del liderato de don Luis Muñoz Marín (1898-1980) en la vida pública de la Isla de Puerto Rico. El fue director del periódico vespertino La Democracia (1931), fundador y presidente del Partido Popular Democrático (1938), Presidente del Senado (1941), Gobernador de Puerto Rico durante 16 años consecutivos (1949-1965) y "arquitecto principal" de la fórmula de libertad y asociación política con los Estados Unidos de Norteamérica conocida internacionalmente como el *Estado Libre Asociado de Puerto Rico* (1952).

Prólogo

A todos los estudiosos comprometidos con el enriquecimiento de la historiografía puertorriqueña nos compete aportar en la medida de nuestras capacidades y posibilidades. Por tal razón me enorgullece el haber participado en el proceso que culmina en la publicación de este libro. En estos momentos en que pretendemos examinar críticamente, con ojo más certero y justo y desde perspectivas más amplias, todo el andamiaje del saber que la ciencia histórica de Puerto Rico nos había legado, los intentos por preservar los testimonios vivos y de primera mano merecen apoyo unánime.

Tal es el caso de estas memorias de Lieban Córdova. Hace unos cuarenta años publicó este autor un primer libro en el que exponía sus experiencias junto a Luis Muñoz Marín. Si en aquella ocasión sus revelaciones complacían la curiosidad general que suscitaba la aparición del nuevo líder del país que entonces recibía el endoso público abrumadoramente, la publicación de esta nueva obra una generación después, a la altura de nuestro tiempo, puede resultar de mayor interés aún. Esto es así, pensamos, porque siendo Luis Muñoz Marín la figura pública puertorriqueña más importante de este siglo y obviamente la más controversial, el impacto de la huella de su paso por nuestra historia tendrá que establecerse utilizando cuanta fuente sirva para superar el conjunto de invenciones y prejuicios que hasta la fecha han impedido la tarea.

Observo que ya pasó en gran medida aquella primera etapa en que la pasión —en su temperatura más alta— impedía el estudio sereno del asunto. Las generaciones que conocen, porque la vivieron, la transformación del país que inició y dirigió Luis Muñoz Marín, se empeñan en recordarlo con agradecimiento por su obra. Las generaciones que no conocieron el proceso de la transformación y que sólo se benefician de sus logros, al par que sufren sus calamidades concomitantes, comienzan a querer entender con serenidad y justicia. Las honras fúnebres más grandes que jamás se hayan hecho a persona alguna en nuestra historia;

los sentidos escritos de figuras públicas de relieve, de todas las tendencias ideológicas, que se publicaron con motivo del deceso en 1980; algunos libros que han circulado desde entonces; las memorias del propio Muñoz Marín, que están en pleno proceso de circulación, y la organización de sus papeles en la fundación que lleva su nombre, son parte de los materiales que se van acumulando para hacer posible el esfuerzo de análisis desapasionado que se exige y se espera.

En este contexto el libro de Lieban Córdova es doblemente valioso. Lo es, en primer término, por registrar interioridades muy reveladoras del hombre que comenzó a luchar en la década de los años treinta por darle un nuevo rumbo de justicia social al pueblo de Puerto Rico. Lo es también por tratarse del testimonio que da un hombre del pueblo, sencillo y muy humilde —así es el memorialista— con la autoridad con que se expresa, no la escolaridad académica de alto vuelo, sino la frescura, la gracia y la espontaneidad de un espíritu honesto, honrado y desinteresado.

Córdova estuvo allí. Nadie le contó lo que narra. Fue testigo directo de lo que intentaba hacer Muñoz Marín con los escasos recursos humanos y materiales con que contaba. Muñoz Marín mismo, en un cariñoso recuerdo que le dedica a Córdova en el primer tomo de sus memorias, dice que éste fue "un secretario excepcional, estenógrafo sumamente hábil a quien descubrí mientras tomaba notas oficiales en el juicio de la masacre de Ponce". Realmente estamos ante el testimonio de un íntimo de la intimidad de los que hicieron la memorable cruzada de 1938-1940. Como ha señalado Gordon Lewis en su magistral libro Puerto Rico: libertad y poder en el Caribe (1963), el memorialista, quien era "el mecanógrafo ambulatorio de la caravana", ha logrado captar el sentido real de la famosa campaña del cuarenta precisamente "por su sencillez convincente".

En estas memorias de Lieban Córdova hablan la gratitud y la admiración del autor por la figura objeto de su pluma. Pero habla, sobre todo, la verdad histórica que sale del corazón de uno de aquellos hijos del pueblo que la vivieron intensamente y que no se sentirían satisfechos alma adentro si no daban cuenta de sus peripecias. Porque sabían que algo profundamente nuevo comenzaba en Puerto Rico para ellos.

Nosotros agradecemos la invitación que nos ha hecho Lieban Córdova a prologar su trabajo e invitamos a los lectores a que sigan la ruta de las campañas de Luis Muñoz Marín, no desde la fría vertiente del análisis erudito y académico, sino desde los verdaderos caminos, veredas y bateyes por los que tuvieron que cruzar, sudar y trasnochar los protagonistas de esta historia.

Carmelo Rosario Natal

INTRODUCCION

Después de la correspondiente investigación sistemática de numerosos datos históricos y de la búsqueda de diversos detalles que pueden inspirar interés al público en general, he redactado este libro que me complazco en presentar a los lectores.

He hecho una revisión general de mis apuntes y libretas de taquigrafía para incluir diversas informaciones y notas circunstanciadas que tienen que ver con el desarrollo de la vida cotidiana —en los campos, pueblos, montañas y valles, y en el centro y en la costa de Puerto Rico— de hombres y mujeres de distintas clases sociales y de los protagonistas y actores anónimos que escenificaron, en la memorable época que abarca esta historia, el drama de la pacífica revolución económica y social para la redención del pueblo puertorriqueño.

Esos apuntes, de gran interés histórico, que se entretejen con otros detalles divididos entre las páginas de este volumen, no se pudieron incluir en mi primera obra —*Siete Años con Muñoz Marín*— publicada por la Editorial Esther en San Juan, Puerto Rico, hace más de tres décadas, y cuya edición se agotó rápidamente.

Según manifestó el gobernador Luis Muñoz Marín en una íntima y prolongada reunión celebrada con sus antiguos empleados del periódico vespertino *La Democracia* en los jardines de La Fortaleza, y a la cual me refiero con amplitud en mi segundo libro *De Mi Hoja de Apuntes*, esos años debían multiplicarse por tres: en vez de siete, decir *21 años*, porque se trabajaba sin descanso casi todos los días, por la mañana, por la tarde y por la noche, y muchas veces hasta el amanecer.

Esos años son los básicos o fundamentales del inicio o moldeamiento del liderato de dicho desaparecido patriarca en la vida pública y patriótica de nuestro país.

Don Luis Muñoz Marín nació en la calle La Fortaleza número 19, de San Juan, Puerto Rico, el día 18 de febrero de 1898. Actualmente, al remodelarse el edificio, es el número 152. Era hijo único del patricio puertorriqueño don Luis Muñoz Rivera y de doña Amalia Marín

Castilla, a quien con cariño le decíamos *doña Maló*. Se había casado, en el 1919, con la dama norteamericana Muna Lee —poetisa, escritora y catedrática—. Tuvieron dos hijos: *Munita* y Luis Muñoz Lee. Los conocí a principios de enero del 1938 cuando, procedente de Ponce, en donde yo era locutor y reportero de la estación de radio *WPRP*, llegué a *La Democracia* para actuar como secretario-taquígrafo del señor Muñoz Marín. No encontrándose el Director a mi arribo, comencé a trabajar como corrector de pruebas para no estar con los brazos cruzados.

La familia Muñoz-Lee residía en la parte posterior del segundo piso del edificio del indicado periódico, ubicado en la calle Salvador Brau número 91, de San Juan.

Allá para los años 1936 y 1937, cuando surgió una tremenda crisis en el seno del antiguo Partido Liberal Puertorriqueño y provino la desavenencia entre sus dos prominentes líderes —don Antonio R. Barceló, generalmente conocido como "El Capitán de su Pueblo", y don Luis Muñoz Marín—, y éste, con sus partidarios o simpatizantes, quedó fuera de la colectividad, se comenzó a planear la fundación de un libre y efectivo instrumento de lucha y de justicia social para la defensa de los intereses del pueblo puertorriqueño: el Partido Popular Democrático. Quedó oficialmente fundado el 22 de julio de 1938.

Después del establecimiento de la indicada agrupación hubo un divorcio. Entonces Muñoz Marín contrajo matrimonio con doña Inés María Mendoza: escritora, profesora de instrucción pública, oradora y promotora de actividades culturales y relativas al civismo. Procrearon dos hijas: Viviana *(Vivian)* y Victoria *(Melo)* Muñoz Mendoza.

Ese maestro en democracia, líder político, conductor de multitudes y hombre de Estado que llegó a ser el primer Gobernador de Puerto Rico elegido por el voto directo y que ocupó la Gobernación durante 16 años consecutivos falleció, a la edad de 82 años, en el Hospital Mimiya, de Santurce, Puerto Rico, en la madrugada del 30 de abril de 1980.

El gobernador Carlos Romero Barceló tomó la determinación de que se guardaran siete días de duelo nacional. El pueblo derribó la puerta de las líneas políticas o partidistas y abrió de par en par la ventana del patriotismo.

La interesante y verídica historia de cómo, sin dinero, se fundó, organizó y desarrolló el Partido Popular la cuento en este volumen. La conozco perfectamente, porque la viví bien de cerca y la sentí profundamente en el corazón desde el mismo primer minuto del nacimiento de ese instrumento de lucha.

Observé cuidadosamente aquella producción del entendimiento humano. El parto vino derecho. Fui testigo ocular. Y allí comencé otra etapa o tarea: la de hacer, para la historia, anotaciones en mi registro taquigráfico.

Como son tantos los hilvanes que tengo que unir para coser bien esa exposición auténtica de notables acontecimientos es aconsejable que el lector se prepare mentalmente para comenzar a disfrutar de esa veraz y extensa narración. Y también es justo y razonable que yo haga mutis por de pronto en lo que saco grano de mis cientos de apuntes y vuelvo a la carga en el primer capítulo de esta historia de la vida diaria de un prócer que no puede olvidarse, de sus fieles seguidores —con sus respectivos nombres y apellidos— y de millares de seres humanos indigentes e indefensos.

Esos últimos compatriotas, que en los campos y pueblos de Puerto Rico tenían la esperanza de ser beneficiados por urgentes, reales y efectivas reformas que representaban el principio de una pacífica revolución económica, social y cristiana, vieron y tuvieron en don Luis Muñoz Marín a un verdadero redentor.

Lieban Córdova

Capítulo 1

UN GENIO

Tuve a mucha honra ser el primer secretario, taquígrafo personal y compañero de viajes a través de toda nuestra Isla de esa ilustre figura de relieves continentales o de proyecciones internacionales, bien conocida en y fuera de Puerto Rico, que respondía al nombre de don Luis Muñoz Marín.

Fue un poeta renovador, generalmente llamado *El Vate*. Este fue el nombre que su amigo y bardo Luis Palés Matos le dio al señor Muñoz Marín —en una sana y espiritual bohemia durante los años juveniles que en Puerto Rico, Nueva Jersey, Nueva York y Washington plácidamente transcurría haciendo versos— y el nombre es calificativo con que se declara la diferencia que existe entre una persona y otra.

El patriota fue periodista, escritor (en español e inglés), conferenciante, orador, líder político, traductor, polemista y colaborador (en dichos idiomas) de importantes periódicos y revistas de Estados Unidos y Europa, como *The New York Times, New York World, La Prensa, The Smart Set, New York Tribune, Baltimore Sun, The Nation, American Mercury, The New Republic, World's Work, Revista de las Antillas, Revista de Indias* y de periódicos de Puerto Rico y de otros países hispanoamericanos.

Haciendo síntesis: Aunque él no lo quería admitir públicamente ni hacía gala de vastos conocimientos y habilidades, indudablemente era bilingüe. No presumía de experto. Hablaba con fluidez las dos lenguas. Escribía correctamente en ambos idiomas.

Aunque a intervalos, o por etapas, pasó muchos años de su juventud en Nueva York, en la zona rural de Staten Island y de Nueva Jersey y en Washington, vivió más tiempo con su familia en la ciudad y en el estado de Nueva York que en Nueva Jersey y la capital americana.

Ignoro quién verdaderamente hizo la primera recomendación, en

Estados Unidos o en Puerto Rico, a favor de popularizar el término de "neoyorican". Pero sé que, por haber vivido gran parte de sus años formativos en la ciudad de los rascacielos y sus condados y por su genuino desarrollo neoyorquino, al señor Muñoz Marín se le consideró ser, si no el primero, uno de los primeros "neoyoricans"

No estoy haciendo ningún panegírico. Sencillamente estoy exponiendo una verdad, producto de mis investigaciones, exámenes, observaciones, lecturas, estudios o reflexiones.

Como ser humano al fin, Muñoz Marín tenía sus flaquezas de ánimo y sus fortalezas, sus imperfecciones y sus blanduras de genio. Experimentó derrotas y triunfos. Tuvo sus defectos y sus virtudes. Sufrió y tuvo complacencia y alegría de muchas cosas y situaciones. Carecía de ciertas cualidades y le sobraban aptitudes del alma para las nobles acciones. Muchas veces padeció penurias junto a sus acompañantes y en varias ocasiones gozó de vida holgada.

Como todo ser humano, tenía su carácter o genio, su modo de ser o de actuar según las circunstancias en determinados momentos. Existían altibajos. Había alternativa de irascibilidad y de dulzura.

Deseaba conservar, a toda costa, la disciplina y la unidad de acción. Era un ser obstinado en el sentido de darle firmeza a sus ideas y temas. Para poder transigir en algún punto, había que darle una razón muy poderosa, ofrecerle un argumento irrefutable o presentarle una evidencia contundente.

Le imputaba a cualquier individuo momentáneamente algún acto que de primera intención le parecía ignominioso y, a los pocos minutos, cuando lo consideraba detenidamente y se percataba de que la razón no le asistía, solicitaba perdón.

Lo conocí bien.

Era un jefe exigente, pero actuaba con magnanimidad. A pesar de su linaje, fama, talento y gloria, procedía con sencillez. Conocía los dones o las facultades que Dios le había otorgado y los ejercitaba constantemente, en beneficio del género humano, pero no hacía gala de ellos.

Cuando él presentía que iba a ser agasajado en algún sitio por un triunfo político obtenido, maravillaba a sus simpatizantes viajando de incógnito. No se daba pisto. Carecía de ostentación.

No coloco al prominente líder en el sitio de la divinidad. No era un dios fabuloso, aunque fue un héroe para los desafortunados y los destituidos de socorro.

Esta es la sincera exposición de lo que es veraz. No es un juicio. Es una labor de investigación, análisis, revisión y evaluación de aptitudes, hechos, circunstancias y actividades. No es la historia de un héroe del gentilismo y sí la interpretación de tópicos y métodos, y la narración verdadera de lo que les aconteció en Puerto Rico, en una época inolvidable, al personaje principal de un drama de redención social y a sus leales partidarios.

No se trata de un endiosamiento ni de nada mitológico. Se trata, sí, de analizar y recordar los sacrificios y esfuerzos sobrehumanos que realizaron el patriarca y sus simpatizadores para emprender aquella gigantesca obra encaminada a rescatar al campesino puertorriqueño de la esclavitud de la ignorancia.

Esta es la real y efectiva historia de la génesis de esa labor de redención social, a la que el desaparecido patriota prácticamente consagró su existencia.

A principios de julio de 1962 el gobernador Muñoz Marín y su ayudante ejecutivo Esteban Padilla sostuvieron una entrevista privada con su Santidad el Papa Juan XXIII. Y en varias ocasiones Muñoz Marín fue invitado por presidentes de los Estados Unidos como Franklin D. Roosevelt, Harry S. Truman y John F. Kennedy a visitar la Casa Blanca. Prestó valiosos testimonios en vistas públicas ante el Congreso. También ofreció conferencias o pláticas razonadas sobre profundas materias, tanto en español como en inglés, en renombradas universidades, como la Interamericana (Puerto Rico), la de Harvard (Estados Unidos) y la Universidad Libre de Estrasburgo (Europa). Le fueron concedidos grados honoríficos por las universidades de Kansas City, Harvard y Columbia. Recibió premios de la conocida organización "Freedom House", del Colegio de Abogados y de la Cámara Junior de Puerto Rico. Fue condecorado en París (Francia) con la Legión de Honor, y la Sociedad de Cultura Panamericana le concedió un "Cóndor" por todo lo que había realizado en favor del panamericanismo.

De una de esas conferencias —la dictada hace poco más de tres lustros en la Universidad Interamericana de San Germán, Puerto Rico, en donde el ex gobernador Muñoz Marín recibió un grado honorífico de Doctor en Leyes— guardo unos recuerdos: tres fotografías tomadas por el artista-pintor y fotógrafo profesional de Arecibo —Jorge Miranda— que, hasta hoy, no se habían publicado.

Resulta que uno de los jóvenes graduandos —Juan *(Johnny)* Rivera Reyes— (a quien Miranda y este autor visitamos recientemente en la residencia de su señora madre Paula Reyes Rodríguez ubicada en el Edificio Número 1, Apartamento 565 del Caserío Ramón Marín Solá, de dicha población) deseaba conservar un buen recuerdo de los ejercicios de graduación y contrató los servicios de Miranda para que tomara unos retratos. Y el amigo fotógrafo y hermano en la fe cristiana, además de las de Rivera Reyes y sus condiscípulos, tomó las fotografías del ex Gobernador y las guardó.

Para Miranda, aunque no era un seguidor de El Vate, los retratos de éste constituían una reminiscencia, porque admiraba su genialidad, su talento y su férrea lucha en beneficio de los seres sufridos, especialmente de los moradores de nuestras montañas.

Las fotografías son las siguientes:

El ex gobernador de Puerto Rico Luis Muñoz Marín y la ex primera dama Inés María Mendoza haciendo su entrada al patio rodeado por los edificios de la Universidad Interamericana de San Germán, Puerto Rico.

El ex gobernador Luis Muñoz Marín frente al púlpito donde pronunciaba el discurso principal durante los ejercicios de graduación de la Universidad Interamericana.

El ex gobernador Luis Muñoz Marín cuando se le confería un grado honorífico en la Universidad Interamericana de San Germán.

Fui un constante compañero de viajes del prócer y maestro durante las campañas políticas a través de los 77 pueblos y los 786 barrios rurales de la Isla de Puerto Rico que había entonces. Naturalmente, aprendí mucho de él.

Comprendí que tenía muchas dotes intelectuales. En mis libretas taquigráficas aprisioné o capté los pensamientos, enseñanzas, ideas, consejos o doctrinas del fenecido hombre de Estado. El les enseñó a sus compatriotas, y especialmente al hombre que reside fuera de poblado y realiza el trabajo obrero, —por quien se desvivía—, qué es la "democracia" y cuál es el significado y simbolismo de "no vender el voto" y lo que verdaderamente quiere decir "el voto libre y limpio".

Si el insigne líder padecía alguna obsesión, ésta se la causaba nuestro jíbaro. Muñoz Marín quería que los moradores del campo aprendieran a defenderse de aquellas personas que intentaran aprovecharse impropiamente de sus sentimientos y cualidades de nobleza. Deseaba que no estuviera lejano el día en que los campesinos lograran plena felicidad. Creo que ellos eran el objeto principal de su vida.

El patriarca era un trabajador infatigable. Me dictaba constantemente lo mismo en español que en inglés, de día o de noche, en un día laborable o en uno festivo. Las vacaciones no se conocían.

Cuando en alguna rara ocasión los empleados tratábamos superficialmente el asunto de una suspensión temporal de las labores nos citaba la ley mosaica y nos decía que el apóstol San Pablo les escribió a los corintios manifestando que no se pondría bozal "al buey que trilla". Si argumentábamos algo para defendernos expresaba que teníamos que aplicarnos "la enseñanza", porque "los corintios somos nosotros".

Tuve conocimiento de que Muñoz Marín también hablaba francés y que traducía obras literarias dignas de elogio de este idioma al inglés.

Conversaba bien, estudiaba las materias a fondo y siempre daba una enseñanza mientras platicaba.

El Vate, como se le decía cariñosamente, conocía con perfección la historia de muchos países.

En nuestros largos viajes, desde su cátedra —el asiento posterior del estrecho automóvil *Ford* de campaña, que muchas veces nos servía de hotel y de oficina ambulante— nos deleitaba —al chofer de turno y a mí— con sus interesantes, instructivas y amenas descripciones. Le tomamos el gusto a su cátedra.

Así era como sus discípulos nos enterábamos poco a poco y en distintas fechas de la trascendental historia, por ejemplo, de potentes naciones del mundo, tanto de Oriente como de Occidente; de famosas capitales como París, Londres, Madrid, Atenas y Roma, entre otras; y del Monte de los Olivos, del sendero que Jesús recorrió en Su entrada triunfal a la histórica Jerusalén del Domingo de Ramos, del huerto de Getsemaní, de la Vía Dolorosa y las 14 Estaciones del Calvario.

Discurría metódicamente sobre diversos temas históricos, como éstos: La caída de La Bastilla, la Revolución Francesa y el derrocamiento de la Monarquía. Razonaba detenidamente, y con orden, como si estuviera ofreciendo una cátedra especial ante la Facultad y los estudiantes de elevado nivel de progreso académico de una prestigiosa universidad, en torno a las materias que a continuación se mencionan: La adopción, en cuatro de julio de 1776, por parte de las colonias, de la Declaración de Independencia que redactó Thomas Jefferson; del principio de la Guera de la Independencia, de las primeras 13 colonias y del Tratado de París que oficialmente puso término a la acción hostil de Inglaterra y los Estados Unidos de América.

Algunas veces, cuando se registraba una breve interrupción en la disertación de *El Vate*, el chófer Erasmo, quien siempre salía con una chanza, me tocaba por el brazo o muslo izquierdo para que yo lo mirara y, en una murmuración secreta, me decía que no perdiera mi tiempo anotando esas "boberías" porque "la mucha lectura y la política tienen loco al viejo". Entonces, uniendo la acción al gesto, mientras mantenía su mano izquierda sobre el volante del Ford en movimiento, se llevaba la mano derecha al órgano del oído y la meneaba rápidamente de un modo rotatorio.

Cuando en cierta ocasión nuestro jefe, haciendo soliloquios y discurriendo acerca de los átomos, de la ciencia que estudia los cuerpos y sus leyes y de lo que está fuera del globo terráqueo, nos dijo que "existen tres mundos", ¡allí fue Troya! Erasmo, en un murmullo sordo, produjo esta expresión: "El dice que hay... ¿tres mundos? Pues ya no hay duda. Le falta un tornillo. El viejo está loco rematado".

El maestro hablaba y este discípulo escribía, conservando como un récord del caudal de conocimientos logrados.

En cuanto a lo del huerto de Getsemaní, —recordando que allí estuvieron juntos Jesús y sus discípulos al finalizar la última cena y que fue el histórico lugar donde se escenificó la batalla de Cristo con el adalid de los espíritus caídos, en la cual Jesús salió victorioso—, nos decía que "ese jardín" lo teníamos "dentro de nosotros mismos".

En lo concerniente a las 14 Estaciones, manifestaba que "simbolizan los estados de conciencia que el hombre atraviesa durante toda su vida".

Para este autor, que no está entusiasmado con ceguedad por una persona determinada, pero que sí es fanático por la verdad, Muñoz Marín era, en una palabra, un genio. Es el sincero concepto en que tenía a tan talentoso líder. No hay fanatismo.

En mi próximo libro —si Dios lo permite— espero puntualizar o pormenorizar, tratando con más extensión esos temas y otros que menciono en este capítulo introductorio. El tiempo actual no es el apropiado para ello. Me quedan muchas anécdotas por contar y cientos de detalles interesantes por manifestar. Son hijos de mi observación a través de los años.

Al señor Muñoz Marín ya no debe catalogarse como que fue dirigente de un determinado partido político. No. Ya él pertenece a todos los puertorriqueños y a todos los ciudadanos de otros países que han residido y viven en esta hospitalaria tierra por muchos años, por los que tanto luchó y sufrió, y por el beneficio de quienes promovió, redactó, defendió, aprobó y puso en ejecución o en vigor las leyes fundamentales que le ofreció al pueblo.

Entre esos ciudadanos extranjeros debo hacer una mención especial de los cubanos, de cuyas buenas prendas y méritos me hablaba constantemente el patriarca. Este era un elogista. Sentía gran afectividad hacia Cuba y su laboriosa gente. Pero esta materia puede tratarla, mejor que yo, don Ramón Enrique Bauzá, —conocido escritor costumbrista que reside en Ponce—, quien acompañó varias veces a Muñoz Marín a La Habana.

El desaparecido líder puertorriqueño era un hombre de palabra. Prometía y cumplía.

Sobre la legislación social anteriormente mencionada, que culminó en una revolución pacífica, hago referencia en esta obra.

Andando el tiempo esas leyes, y otras que les siguieron, elaboraron poco a poco el adelantamiento de nuestra Isla. Muñoz Marín siempre forjaba sus planes teniendo en consideración un propósito fundamental: su inamovible determinación de llevar hacia adelante, año tras año, el vehículo del progreso del país. Ansiaba lograr determinado perfeccionamiento conduciendo ese carruaje sobre un espacioso sendero público de seis firmes carriles, como los siguientes:

(1) Conseguir sus propósitos de incrementar los mejores proyectos —tanto en el campo económico como en la fase cultural— para el desarrollo general de Puerto Rico a través de una honrada, efectiva y vigorosa política pública.

(El señor Muñoz Marín fue el promotor de los programas *Operación Manos a la Obra y Operación Serenidad*, que tuvieron un resultado feliz. Por un lado muchos industrialistas y manufactureros, atraídos por la bien planeada campaña de propaganda, trajeron a la Isla caudal productivo y dieron empleo a numerosas personas. Y por otro lado se fundó el Instituto de Cultura Puertorriqueña con el fin de dar pábulo a todo lo relacionado con planes o experimentos artísticos, culturales y literarios.)

(2) Mejorar notablemente las condiciones de vida y el desarrollo de las sociedades humanas.

(3) Lograr que el suelo y la industria rindieran fruto y que hubiera una justa y razonable distribución de la gran cantidad de bienes.

(4) Mantener y perfeccionar los conocimientos propios del hombre por medio del ejercicio de sus aptitudes intelectuales.

(5) Distribuir justificada y generosamente el alimento material, tratando de extinguir el fantasma del hambre que vaga por los pueblos y campos de la Isla. Y

(6) Buscar, por todos los medios posibles, el adelantamiento en las cosas relativas al espíritu.

El señor Muñoz Marín pertenece a Puerto Rico y a su historia.

Su recuerdo debe perdurar en la memoria de sus compatriotas sin tener en cuenta la ideología política de cada uno de ellos. El no luchaba sólo por el beneficio de sus partidarios o correligionarios, sino que por el bien de todos los puertorriqueños y de aquellos ciudadanos de otros países que hicieron de Puerto Rico su patria.

Su inspirada prédica democrática y sus persuasivas, constantes y didácticas frases en torno a *no* vender el voto y en conexión con el valor de éste, que se transcriben en este libro y que despertaron la conciencia de nuestro campesinado, deben conocerlas no solamente los adultos, sino que también los jóvenes que nacieron muchos años después de la fundación del Partido Popular y de la aparición de tan sincero líder en el escenario de nuestro país.

En la obra *Luis Muñoz Marín y sus Campañas Políticas* encontrará el lector una fuente de inspiración y numerosos detalles de aquellos años básicos y las interesantes cosas que les sucedieron a Muñoz Marín y a sus compañeros de lucha. También hallará chistes, aventuras y anécdotas que seguramente le causarán una risa precipitada.

Es mi sincera opinión que si una biblioteca —pública o privada— tiene otros volúmenes relacionados con la vida y las ejecutorias del distinguido patriarca que es objeto de esta historia-biografía, pero le falta este libro *Luis Muñoz Marín y sus campañas políticas*, está sencillamente coja. La razón es obvia. Esta obra es la génesis, el fundamento, la base o el principio de la fructífera gestión pública y patriótica del indicado líder y que prácticamente comenzó a moldearse con la fundación del mencionado instrumento de lucha y de justicia social y cristiana.

Capítulo 2

HACIENDO UN POCO DE HISTORIA

Desde luego, es innegable el hecho de que, en su temprana juventud, a los 22 años, Muñoz Marín se unió a don Santiago Iglesias Pantín: un destacado líder que nació en España y llegó a Puerto Rico, en donde fundó el Partido Socialista. Del programa de esta colectividad surgía, según manifestaciones de don Juan Carreras, "una tradición e invariable declaración de fe y lealtad a las instituciones democráticas americanas y a la bandera y la Constitución de los Estados Unidos".

Iglesias Pantín se convirtió en nuestra Isla en un "apóstol del obrerismo puertorriqueño", como exponía el escritor y periodista Teófilo Maldonado en su libro *Hombres de Primera Plana*. Y también creó la Federación Libre de los Trabajadores de Puerto Rico.

Muñoz Marín acompañó al jefe socialista en muchos viajes de campaña política por la Isla en el 1920, y, de acuerdo con lo que manifiesta el historiador y prominente líder —licenciado Bolívar Pagán— en la *Historia de los Partidos Políticos*, Muñoz Marín participó activamente en mítines y asambleas socialistas. Sus pronunciamientos eran "de tonos extremistas de izquierda, inspirado en la ideología marxista de la lucha de clases y en las aspiraciones del socialismo universal".

En el transcurso del tiempo, allá para el 1931, Muñoz Marín, aunque se hizo solidario con las pretensiones del Partido Unionista, franca y públicamente manifestó que era un "nacionalista radical" por motivos morales, económicos "y de altivez colectiva no debatibles".

A los pocos días hizo una manifestación pública sobre estos dos aspectos: (1) Que votaría por el Partido Unionista, porque en su programa tenía "la Independencia clara y terminantemente" y (2) que votaría "por don Pedro Albizu Campos", quien era el Presidente del Partido Nacionalista Puertorriqueño.

Después de un viaje a los Estados Unidos, Muñoz Marín retornó a sus actividades políticas en la Isla, asistiendo a la Asamblea General del Partido Unionista, cuya Junta Central, presidida por don Antonio R. Barceló, lo designó como director general de la campaña.

Para esa época, y manteniendo siempre "el ideal de independencia", se fundó el Partido Liberal Puertorriqueño, siendo su presidente el señor Barceló. Entonces, por disentimiento en opiniones o en métodos de ejecutar planes, surgió una honda crisis en esa colectividad y tomaron cuerpo las desavenencias entre Barceló y Muñoz Marín.

Mientras tanto, los partidos Unión Republicana y Socialista, que antes de las elecciones generales del 1932 acordaron formalizar un pacto libre electoral que culminó en lo que se denominó la Coalición, seguían organizándose y haciendo sus planes de campaña.

Aparentemente no había crisis en el seno de la Coalición. Sus más destacados líderes —licenciados Rafael Martínez Nadal y Miguel Angel García Méndez, del Partido Unión Republicana, y don Santiago Iglesias Pantín y el licenciado Bolívar Pagán, del Partido Socialista— daban a entender que estaban unidos y que trabajaban en armonía, sacando utilidad política de la contrariedad de opiniones del Partido Liberal.

Allá para el 1935, cuando el doctor Carlos E. Chardón —ex Canciller de la Universidad de Puerto Rico— era Administrador Regional de la Puerto Rico Reconstruction Administration —llamada la *PRRA*— y el periodista Teófilo Maldonado, del periódico *El Mundo*, le formuló la pregunta de cómo fue que se originó el "Plan Chardón" —nombre que le dio el propio periodista—, el Doctor reconoció que sus comienzos se debían "indiscutiblemente a la visión clara y profunda" del entonces senador Luis Muñoz Marín. También se debían a las consecuencias de sus debates en el Senado de Puerto Rico durante la sesión de febrero, marzo y abril del 1934.

Para ese tiempo la Isla todavía no se había repuesto de los estragos que en 1932 había causado el temporal de San Ciprián, ni aún del tremendo azote del ciclón de San Felipe del 1928 ni de las graves consecuencias económicas de lo que generalmente se llamó la "Crisis" o la "Gran Depresión". Había inestabilidad política, y reinaban la agitación social, el hambre, la miseria, el desempleo y la explotación.

Aquel plan azucarero, que surgió en la imaginación del señor Rafael Fernández García, quien entonces era el Director del Departamento de Química de la Universidad de Puerto Rico y quien fue el primer técnico consultado por Muñoz Marín, era el tema preferido en las conversaciones de la comunidad y en las discusiones políticas. Ayudaron eficazmente a su realización, después de numerosas conferencias nocturnas en las oficinas del Canciller, no sólo las mencionadas personas, sino que también los señores Rafael Menéndez Ramos, Augusto Soltero, Rafael de J. Cordero, Julio Ortiz, Pablo Morales Otero, Enrique Landrón y Juan Enrique Soltero.

Ese Plan de Reconstrucción, que nació de noche en un ambiente universitario, llevó luz a las mentes de nuestros compatriotas. Estos pronto comenzaron a notar los resplandores del sol de la reconstrucción económica del país, producto de la decidida, vigorosa, rápida y efectiva ayuda que prestaron a aquellos proyectistas el presidente Franklin D. Roosevelt, su esposa Eleanor y el doctor Rexford G. Tugwell. Este entonces era Subsecretario de Agricultura.

El programa del Nuevo Trato, que el presidente Roosevelt instituyó en los Estados Unidos a fin de poner a su pueblo sobre sus pies, se extendió a Puerto Rico y comenzó nuestro país a industrializarse y a sacudirse violentamente de las corpulentas alas del dragón del desempleo.

Además del presidente Roosevelt y su esposa, y del doctor Tugwell y su consejero Jay Franklin Carter, ayudaron intensamente al señor Muñoz Marín, quien para aquella época era el portavoz del Partido Liberal en los Estados Unidos, la periodista Ruby Black, los señores Harold L. Ickes y Ernest Gruening (de la División de Territorios del Departamento de lo Interior) y George Dern (Secretario de Guerra), los ingenieros Guillermo Esteves y Rafael González; los señores James R. Bourne, Jesús T. Piñero y Gabriel Emanuelli; el General de Brigada Luis Raúl Esteves, el periodista Félix Belair (de *The New York Times*) y, entre otros, el señor Walter Mckay Jones (representante permanente del Partido Liberal en Washington).

La comidilla del pueblo la constituyeron el plan azucarero; la reforma agraria, económica y social; los bajos salarios de los obreros, los miserables jornales de las mujeres en la industria de la aguja, la Ley "Costigan-Jones" con el recurso de 23 millones de dólares y sus cláusulas beneficiosas (compensaciones a agricultores y obreros); el desempleo habitual y la terrible situación económica de aquel tiempo —mediados de la década del '30—.

Aquella satisfacción que el pueblo tenía en esos asuntos de su preferencia llegó hasta a engendrar un debate por radio, que se verificó en la Plaza de Recreo de San Germán, entre estos dos inteligentes compatriotas: el licenciado Miguel Angel García Méndez —de la Unión Republicana-Socialista— y el senador Luis Muñoz Marín —del Partido Liberal Puertorriqueño—.

Los adelantos del progreso, en cuanto a la televisión, todavía no habían llegado a nuestra Isla. El domingo, 28 de marzo de 1954, al atardecer, la estación televisora *WKAQ Telemundo*, por el Canal 2 —según se dice en la Sección "Línea Directa ¡... Y Acción!" del periódico *El Mundo* (edición correspondiente al 30 de noviembre de 1980)— con el programa "Vistas de Puerto Rico" dejó inaugurada la televisión en nuestro país.

Aquí, en este capítulo, no es apropiado extenderme en el comentario en torno a la antedicha confrontación política, pero tengo trazado el plan de considerar ampliamente ese tema en la obra que siga a ésta. Un amigo y hermano en la fe cristiana —don Francisco Estades Delgado, residente de Arecibo—, responsable y sincero, estuvo presente durante la escenificación del famoso debate político y me ha proporcionado interesantes detalles sobre cierto incidente y determinada rara apuesta que allí se hizo. Sobre esto, de permitirlo Dios, haré unos comentarios.

Tengo, pues, una versión. Si el licenciado García Méndez, para el beneficio de una verídica historia, tiene el deseo y la bondad de enviarme oportunamente la versión de él, como uno de los protagonistas del debate radial, y me autoriza a publicarla junto a la nuestra en el próximo libro, gustosamente lo haré. Con gran consideración y respeto le extiendo esta invitación.

Volviendo al plan de reconstrucción y a la reforma social y económica, puedo anotar, según el producto o el resultado de análisis, investigaciones y lecturas, que en el proceso evolutivo tuvieron muchos impedimentos. Sin embargo, a pesar de todos los tropiezos de la burocracia administrativa, del papeleo, de los entorpecedores tecnicismos, de la sistemática y vehemente oposición de las fuerzas reaccionarias o conservadoras y hasta de las perjudiciales dilaciones del propio gobernador Blanton Winship para implementar el Plan Chardón, éste empezó a funcionar en el año 1935.

Conjuntamente con el transcurso de los años siguieron las discrepancias entre los dos principales dirigentes del liberalismo.

Muñoz Marín sugirió la idea de que la colectividad fuera a un retraimiento electoral, pero Barceló se opuso tenazmente convocando a una Asamblea General del Partido. Esta se verificó en Yauco el 25 de julio de 1936. Por un voto quedó derrotada la idea de Muñoz Marín.

Aquellas discrepancias culminaron, primeramente, en el establecimiento de la asociación denominada "Acción Social Independentista" *(ASI)*, después en la derrota del Partido Liberal en las elecciones generales del 3 de noviembre de 1936 y, finalmente, trajeron por consecuencia —en mayo de 1937— la expulsión de Muñoz Marín y sus seguidores del Partido Liberal.

La 'Coalición Republicana-Socialista venció al Partido Liberal Puertorriqueño por el margen de 44,566 votos.

La referida agrupación "Acción Social Independentista" que surgió en el teatro Campo Alegre, de Caguas, en la noche del 10 de septiembre de 1936, se formó para impeler "hacia adelante" los ideales y principios de independencia y justicia social "por todos los medios legales, en Puerto Rico y ante el Pueblo y el Congreso de Estados Unidos". Como a las cinco y media de la mañana estos señores fueron denominados como directores por acumulación:

María Libertad Gómez, Felisa Rincón, María Luisa Quiñones, Luisa Boix, Luis Muñoz Marín, Julio N. Matos, Ernesto Ramos Antonini, Francisco M. Susoni, Marcial Bosch, Ernesto Juan Fonfrías, Samuel R. Quiñones, Enrique Manrique, José A. Castillo, Antonio Berríos Berdecía y José Dávila Díaz.

Para integrar la Junta Directiva Central de *ASI* fueron designadas las siguientes personas:

Nombre:	*Por el distrito de:*
Félix Alvarez y José Enrique Soltero	San Juan
Mercedes Moreno y Manuel A. García Méndez	Aguadilla
Francisco Susoni (hijo) y Santiago Ruiz López	Arecibo
Santiago R. Palmer y Domingo Feliú	Mayagüez
Miguel Bustelo y doctor Barreras	Humacao
Yldefonso Solá Morales y Rodolfo Rodríguez	Guayama
Andrés Grillasca y Rafael Matos Bernier	Ponce

Desde junio de 1937, a raíz de la mencionada expulsión, poco a poco, Muñoz Marín comenzó su ascendente carrera autonomista por el escenario de la política puertorriqueña.

Capítulo 3

EL ESTADO LIBRE ASOCIADO (ELA)

El pensamiento del señor Muñoz Marín giraba en torno a diferentes faenas que, como líder responsable, debía realizar, buscando siempre la mejor manera de beneficiar a nuestra Isla o a todos sus compatriotas. Entre las labores que trataba de ejecutar, por todos los medios legales posibles a su alcance, había tres, que él consideraba esenciales y a las que deseaba darles prioridad.

A dos de ellas, aunque brevemente, me he referido en páginas anteriores: la Operación "Manos a la Obra" y la Operación "Serenidad".

A la tercera, que tiene que ver con la institución y el desenvolvimiento del "Estado Libre Asociado", y que tiende a buscar una nueva fórmula de libertad tanto en lo humano como en lo político, me voy a referir, con amplitud, en los párrafos siguientes.

Hace tiempo viene formulándose la interrogación de quién creó el Estado Libre Asociado y, precisamente, cuando yo estaba escribiendo este capítulo, leí en el periódico *El Reportero* (edición correspondiente al martes, 26 de octubre de 1982) un excelente artículo del licenciado Ernesto Juan Fonfrías que hace una aclaración y un análisis de un conciso escrito del señor Enrique Díaz Soler, de Ponce, publicado en la Sección "La Voz del Lector" de *El Mundo* el lunes, cuatro de agosto de 1980. Este breve artículo se tituló "¿Quién creó el ELA?", asegurando su autor que el Estado Libre Asociado fue creado solamente por don José Tous Soto: prominente líder político y prestigioso abogado puertorriqueño.

Expone el señor Díaz Soler que a él le "duele cada vez que se refieren a Muñoz como creador del Estado Libre Asociado"; que él pudo haberlo implementado, pero ciertamente "no lo creó"; que "sí fue el producto de la mente de don José Tous Soto", que la "injusticia se ha perpetuado por demasiado tiempo" y que por "el bien de la historia es hora ya que esto sea aclarado".

En este capítulo no debo transcribir el referido artículo del licenciado Fonfrías, que es extenso. Sugiero al lector que lea y analice los diversos puntos de vista y los razonamientos expuestos por el eminente abogado. Sólo debo hacer referencia, para no desviarme del tema, que dicho escritor manifiesta que Tous Soto se limitó a sugerir estos cuatro nombres: *estado libre*, *estado asociado*, *estado libre asociado* o *estado especial*, y que don Luis Muñoz Marín se honró en darle a la condición política de nuestra Isla uno de los nombres insinuados por Tous Soto: el de *estado libre asociado*.

Hubo una sugerencia del conocido abogado puertorriqueño, pero no una creación, aduciendo el licenciado Fonfrías que "el nombre no hace la cosa", que copiar un nombre "no es delito", que éste consistiría en "usurpar una personalidad con fines ilegales" y que el Estado Libre Asociado se creó "en una asamblea constituyente", cuyos miembros se eligieron "libre y democráticamente en unas elecciones libres y democráticamente convocadas y celebradas".

Finalmente, el licenciado Fonfrías manifestó que entre "el nombre y el objeto hay una gran diferencia", que solamente entre el nombre y el objeto no hay diferencia "cuando se trata del Hijo de Dios en las distintas maneras de llamarlo" y que "Luis Muñoz Marín, amigo Díaz Soler, fue el creador del Estado Libre Asociado".

En cuanto al licenciado Tous Soto, y en conexión con el origen del nombre del "Estado Libre Asociado de Puerto Rico", voy a hacer una alusión al final de este capítulo. Tengo para mí que, por "el bien de la historia", sería beneficioso que el señor Díaz Soler tenga noticia de dicha relación.

El Estado Libre Asociado de Puerto Rico, que establece las relaciones políticas entre los Estados Unidos y nuestra Isla y constituye a manera de un satisfactorio convenio de interdependencia entre ambos países, a partir del 25 de julio de 1952 (Día de la Constitución del Pueblo de Puerto Rico), —fecha en que se creó—, es la realidad histórica o la entidad jurídica del pueblo puertorriqueño. O sea, una nueva disposición constitucional que se conmemora el día 25 de julio en el ambiente político de nuestro país.

Hay individuos de vasta cultura, dedicados al cultivo de las letras, y que escriben historia, que aseguran como verdadera una distinción o diferencia: la de que Puerto Rico es una realidad humana, social e histórica y que los Estados Unidos es otra. Esa cualidad por la cual una comunidad se distingue de otra se hace digna de investigación o estudio.

Numerosas personas entendidas en asuntos políticos y constitucionales consideran que el Estado Libre Asociado (ELA) es un territorio de los Estados Unidos.

Los líderes del Partido Nuevo Progesista (PNP) —que es considerado como el partido principal de mayoría, conservador, de derecha, que preside el licenciado Carlos Romero Barceló (actual Gobernador de Puerto Rico)—, del Partido Independentista Puertorriqueño (PIP) —otro partido principal, de izquierda, con tendencia hacia lo social y demócrata, dirigido por el licenciado Rubén Berríos Martínez— y del Partido Socialista Puertorriqueño (PSP) —partido por petición, de extrema izquierda, a cuyos líderes aludiré más adelante— juzgan que el ELA es, en términos internacionales, una colonia de la nación americana, y que, además, es un mito; que está en su fase de exterminación y que es una condición interina o transitoria.

El señor Romero Barceló y el Partido Nuevo Progresista mantienen con firmeza que Puerto Rico es una colonia y, por esta razón, el país tiene que recorrer un sendero con dirección a la estadidad federada.

Los detractores del ELA lo han calificado muchas veces de ser un "muñeco de paja" y un "embeleco colonial". Sus defensores consideran al ELA como un efectivo triple instrumento: (1) que es útil para vigorizar la idea del autonomismo que eternamente bulle en el alma de nuestros compatriotas, (2) que es lo mejor que hasta ahora existe para el desenvolvimiento eficaz de la economía y la implantación de la justicia social y (3) que es una gran alternativa para conservar el idioma español y las tradiciones de los puertorriqueños.

En los últimos días del mes de octubre de 1982 en el seno de la colectividad socialista, al igual que ha ocurrido en los otros partidos políticos, ha habido mar de fondo. El licenciado Juan Mari Bras, considerado como un portavoz o director máximo del PSP y poderoso e influyente líder socialista-independentista, estuvo ejerciendo diligentemente el cargo de Secretario General de esa organización hasta la última semana de dicho mes, y oportunamente manifestó que no volvería a ocupar esa posición por otro término.

Hasta la indicada fecha Lucía Romero ocupaba el cargo de subsecretaria general y el licenciado Carlos Gallisá estaba presidiendo el PSP.

Sin embargo, parece que en esa colectividad ha habido un debate por motivos ideológicos y corrió el rumor de que el veterano líder y militante socialista (Mari Bras) estaba formando el plan de una retirada; que el PSP mantiene hasta la fecha, en su plataforma, una ideología marxista; que los delegados que asistirían al Tercer Congreso del PSP (en octubre) procederían a elegir los nuevos directores del Partido y que el ex representante a la Cámara (Gallisá) se elegiría como el Secretario General. Esto último así ocurrió. El líder obrero-sindical Pedro Grant fue elegido Presidente.

Otros prominentes líderes del Partido Popular Democrático (PPD), que es otro partido principal, de centro, que se inclina hacia el autonomismo, que preside el licenciado Rafael Hernández Colón (ex Gobernador de Puerto Rico), —cuyo fundador don Luis Muñoz Marín fue el principal promotor y arquitecto de la indicada fórmula política—, estiman que ésta tiene la misma dignidad y validez que las otras fórmulas de la estadidad (promovida por el PNP) y de la independencia (propulsada por el PIP y por el PSP), y que el Estado Libre Asociado es un derecho que tienen los puertorriqueños y en el que la intervención de la comunidad internacional no debe hacer impresión.

Esos líderes del PPD también consideran que el ELA es una fórmula constitucional permanente y definitiva; es una relación que genera poder político al haberse establecido por convenio, y es una entidad que continúa recibiendo reconocimiento internacional y goza de la libertad de gobernarse por sí misma. En otras palabras: Que no es una colonia ni un territorio.

No se pueden reducir a número las personas que opinan que el barco del ELA puede hundirse si el Partido Popular Democrático pierde en las elecciones generales de 1984, pues, a fin de conservarlo a flote tiene que ganar en Puerto Rico para mantener el poder político en la Isla y conservarlo en los Estados Unidos, no importa si allá gana el Partido Demócrata o el Partido Republicano. El poder político tiene que sostenerse tanto en Puerto Rico como en las esferas gubernamentales en Washington. De lo contrario, el ELA puede irse a pique. No hay ELA que se salve si en noviembre de 1984 es derrotado el Partido Popular.

La posición oficial y definitiva de los Estados Unidos en la Organización de las Naciones Unidas (ONU), en cuanto al asunto de la condición o relación legal ("status" político) de nuestra Isla, es de que Puerto Rico no es una colonia y de que dicha condición es un asunto de política interna de los Estados Unidos. La representación oficial de este país, ante la ONU, alega, afirma y sostiene que Estados Unidos no es una nación colonialista. Mantiene, por otra parte, que la mencionada condición política es una materia bilateral, privativa, que es de la única incumbencia de Estados Unidos y Puerto Rico, y que, para resolverse satisfactoriamente, no se necesita que intervenga la comunidad internacional.

Esa posición la vienen manteniendo y ratificando los Estados Unidos desde hace muchos años al eliminarse el nombre de Puerto

Rico de la lista de territorios que no gozan de las utilidades de la libre determinación o carecen de gobierno propio.

La señora Jeanne Kirkpatrick es la embajadora de los Estados Unidos en la ONU.

El doctor Hernán Padilla, actual Alcalde de San Juan, es delegado alterno de los Estados Unidos en la Asamblea General de las Naciones Unidas, y ha manifestado públicamente que Puerto Rico es un sistema de gobierno inferior —situación a la que debe hallársele solución mejorando los conjuntos de principios o reglas de representación tendientes a la conversión de Puerto Rico en un estado de la nación americana.

Se ha publicado en la Prensa que para esa posición que desempeña el doctor Padilla el presidente Ronald Reagan tenía interés en extender nombramiento a favor del ex gobernador Luis A. Ferré, fundador del Partido Nuevo Progresista y ardiente defensor de la idea de que Puerto Rico se convierta en un estado de la referida nación. Empero, el señor Ferré, según lo que se ha publicado, retiró su candidatura en beneficio del doctor Padilla.

Luego el ex gobernador Ferré fue nombrado a un comité de los Estados Unidos para la entidad internacional conocida como la Organización de las Naciones Unidas para la Educación, la Ciencia y la Cultura (UNESCO). Tengo entendido que este organismo se creó en el año 1946 para proveer fuerza de expresión a la enseñanza, excitar con prontitud el cuerpo de sabiduría formado con método y darle un vigoroso empuje a todo lo relacionado con los conocimientos humanos y el perfeccionamiento de las aptitudes intelectuales del hombre.

Hace más de 30 años que Puerto Rico tiene un gobierno constitucional debidamente establecido y tiene los medios electorales que le provee la Constitución para decidir su destino político.

Los novoprogresistas, encabezados por su líder máximo —el gobernador Romero Barceló— manifiestan que, para lograr la seguridad de nuestros compatriotas, en el presente y en el futuro, constantemente hacen diligencias para conseguir la igualdad política con la nación americana, y fijan con solidez el argumento de que nunca se puede alcanzar el equilibrio social si no se obtiene antes la paridad política.

Los populares, cada vez que conmemoran la histórica fecha del establecimiento del ELA, afirman de nuevo su confianza en la utilidad y en los postulados o principios autonomistas de la referida entidad política.

Muchos correligionarios declaran que no tiene pertinencia, por un lado, discutir si Puerto Rico es o no es una colonia o un territorio, y que, por otro lado, es aconsejable no menear el asunto de la culminación o del mejoramiento del ELA para que los adversarios se olviden de rociar los semilleros de la independencia y la estadidad. Cuando un gallo canta por acá estimula a tres o cuatro más para cantar por allá.

Muchos compatriotas, que creen en la libre asociación para nuestro país o que son partidarios o defensores de la autonomía política, han expresado públicamente que el ELA fue de mucha utilidad a nuestra Isla por cierto tiempo, pero que ya es hora de que se restaure en substancia para continuar beneficiando a Puerto Rico.

Innumerables individuos afirman que esta Isla es una colonia porque los puertorriqueños así lo quieren y no porque estén obligados a aceptar esa condición, ya que en las urnas electorales los miembros —de edad legal— de los dos partidos políticos principales (PNP y PPD), y en más de un 90 por ciento, votan a favor de la unión con los Estados Unidos y la ostentación de la doble ciudadanía: la americana y la puertorriqueña.

Para una infinidad de personas el ELA se halla frente a una encrucijada histórica y es como un carruaje lleno de innovaciones liberales que está tratando de distribuir o introducir en sitios adecuados sus novedades, y para otros compatriotas el ELA es como un traje hecho a la medida del pueblo puertorriqueño. Con todo, otros individuos dan a conocer que es una puerta abierta a la independencia.

Creo que ese es un magnífico tema —junto con el que se refiere a la clara definición de los conceptos o términos que se mencionan más adelante y también con el asunto relacionado con un abarcador estudio de la Constitución del Estado Libre Asociado— para ser sometido a profundo examen o desmenuzarlo por expertos e independientes analistas políticos, tratadistas de ciencia política y personas dedicadas a la especialidad del derecho constitucional, a fin de que, los que tengan dudas, salgan de éstas de una vez y para siempre.

Los referidos conceptos o términos, cuya significación debe fijarse con claridad, son los siguientes:

1. Americanos o ciudadanos de primera y de segunda clases
2. Asimilación
3. Asimilación cultural
4. Asimilación de inmigrantes dentro de la cultura norteamericana
5. Autodeterminación
6. Autonomía
7. Autonomía fiscal
8. Bilingüismo
9. Capitalismo
10. Carta de Derechos Civiles

11. Conservadurismo
12. Crisis de identidad
13. Dependencia
14. Derechos electorales completos del ciudadano americano
15. Descolonización
16. Diversidad cultural
17. Economía artificial
18. Estadidad federada
19. Estadidad jíbara
20. Estado autónomo
21. Estado federado
22. Federacionismo
23. Gobierno de tipo republicano o de reforma republicana
24. Gobierno propio pleno
25. Identidad cultural
26. Igualdad
27. Independencia
28. Independencia internacional
29. Independencia total y absoluta
30. Inferioridad política
31. Interdependencia
32. Liberalismo
33. Liberalismo cultural
34. Liberalismo económico
35. Libertad
36. Libre asociación
37. Libre determinación
38. Nuevo federalismo
39. Nuevo liberalismo
40. País asociado
41. Poder de autodeterminación
42. Poder de soberanía
43. Posibilismo político
44. Postulados de igualdad ciudadana
45. Principios de democracia representativa
46. Propia determinación
47. Realismo político
48. Reforma constitucional
49. Régimen autonómico
50. República asociada
51. Soberanía
52. Soberanía interna
53. Territorio incorporado

54. Total transferencia de poderes soberanos de los Estados Unidos a Puerto Rico

55. Unión o asociación permanente

Porque si Puerto Rico, según alegan innumerables personas que creen conocer bien todo lo referente al arte de gobernar, no es un estado, no es libre, no está asociado con otro país, no es una república asociada o independiente ni es un territorio de los Estados Unidos ni es una colonia, entonces las preguntas se caen de su peso: ¿Qué es? ¿Es Puerto Rico una nación o no lo es?

Si la maleza política está tan espesa, si el ambiente está tan denso y si el panorama general está tan tupido, en tal caso ¿quién, en todo el mundo, puede explicar —con evidencia incontrastable y con datos y documentos bien claros, precisos e irrefutables— lo que es Puerto Rico?

De permitirlo Dios, y si una casa editora muestra interés en publicar mi próxima obra, tengo trazado el plan de hacer un relato cronológico y minucioso del origen del nombre del "Estado Libre Asociado de Puerto Rico". Esta frase comenzó a mencionarse hace más de 60 años, mucho antes de que el representante Philip Campbell (republicano de Kansas) y el senador William King (demócrata de Utah) presentaran en el Congreso, en el año 1922, el "Proyecto Campbell', en el que se denominaba a Puerto Rico como un Estado Libre Asociado.

Más adelante, según prometí al principio de este capítulo, hago alusión al licenciado José Tous Soto.

En el libro *Historia de los Partidos Políticos Puertorriqueños* expone el licenciado Bolívar Pagán que, después de diligencias hechas por los señores Antonio R. Barceló y Miguel Guerra Mondragón, los congresistas Campbell y King presentaron "un proyecto para establecer una nueva ley orgánica" para nuestra Isla y en cuyo texto se indicaba a Puerto Rico como un Estado Libre Asociado. También se incluía "la elección popular de las dos Cámaras legislativas" que, después de su constitución, elegirían al Gobernador; se disponía la creación de un Comisionado en Puerto Rico de Estados Unidos, y se estipulaban las "relaciones fiscales-económicas" de ambos países.

Declara el licenciado Pagán que el referido proyecto "fue cogido con vivo entusiasmo por el Partido Unionista" y que a los líderes y miembros de esta colectividad les agradaba también "el nombre de Estado Libre Asociado".

El autor del mencionado libro expresa, además, que a los republicanos "no les hizo gracia" el Proyecto Campbell y que el licenciado Tous Soto —presidente del Partido Republicano—, la Prensa y los líderes republicanos combatieron dicho proyecto, porque en éste no se fijaba claramente "una norma conducente al Estado clásico de la Unión Norteamericana" y estaban en contra del aspecto "que creaba un Comisionado de Estados Unidos en Puerto Rico con poderes interventores en la legislación y el gobierno de la Isla".

Luego leí en el *Diccionario histórico-biográfico de La Gran Enciclopedia de Puerto Rico* que el licenciado Tous Soto, en el 1922, "se opuso vehementemente al Proyecto Campbell, que ofrecía a Puerto Rico el posible desarrollo de un Estado autonómico".

La narración que tengo delineada sobre el origen del nombre del "Estado Libre Asociado de Puerto Rico" es controvertible. Traerá, positivamente, una extensa y reiterada discusión, pero el lector puede estar seguro, hasta donde llega la investigación, que está asentada sobre el fundamento de la verdad.

Capítulo 4

UN LIBRE INSTRUMENTO DE JUSTICIA SOCIAL

En el entretanto, vamos a descorrer con suavidad el cortinaje del tiempo, echar una mirada al pasado glorioso y subir la cumbre hasta la segunda mitad de la década del '30, cuando se puso una marca al origen o principio de un importante período de liderato y de la carrrera patriótica y política de don Luis Muñoz Marín.

En el anteriormente indicado recorrido del prócer por el sendero de la autonomía, tratando de que Puerto Rico lograra disfrutar de cabal o completa independencia política, llegó al 1938.

Tenía su pragmatismo, pero aquella rebeldía de sus años mozos parece que, al cumplir los 40 años de edad, se fue moderando de día en día según maduraba su pensamiento y de acuerdo con las circunstancias y el desarrollo de los acontecimientos políticos. Y cuando, después de análisis y estudios, puso sus métodos filosóficos en su punto apropiado, se lanzó fervorosamente a ejecutar el plan al cual le dedicó el resto de su vida:

(1) Fundar y desarrollar un libre instrumento de combate y de justicia social como el Partido Popular Democrático, cuya historia relato en este libro con minuciosidad;

(2) Rescatar a los jornaleros, pobres y "agregados" de la sujeción excesiva por la que estaban sometidos a sus explotadores, centralistas o potentados;

(3) Enseñar a sus compatriotas que el derecho a ejercer el voto libre y limpio es el derecho civil supremo que tiene una persona legalmente capacitada en un sistema democrático, y

(4) Lograr la redención social para el género humano por medio del esfuerzo propio, la voluntad, el sacrificio, la honradez y la efectividad de una sabia política gubernamental o pública.

Ahora puede entrar el lector, con paso firme y seguro, al edificio que constituye esta obra, en que narro lo acontecido durante aquella época trascendental que marcó la génesis y la trayectoria del indicado liderato patriótico y político del fenecido patriota.

Ese liderato fue reconocido no solamente en Puerto Rico, sino que también en los Estados Unidos de Norteamérica, en Europa y en otras naciones hispanoamericanas.

Las puertas del mencionado histórico edificio están abiertas de par en par. Lo conozco perfectamente. Ayudé a colocar la piedra fundamental. Por lo tanto, me constituyo en un guía. Tengo para mí que puedo mostrar el camino, pues me lo sé de cabo a rabo.

Adelante.

Entonces el lector puede montarse sobre el blando lomo del corcel del tiempo y, desde la atalaya o el sentimental miradero que representan las siguientes páginas, lanzar un vistazo retrospectivo a la epopeya de aquellos inolvidables años en que el patriota Muñoz Marín y sus fieles partidarios forjaron una parte substancial o escribieron un capítulo cardinal de la brillante historia puertorriqueña.

Capítulo 5

Temas Generales
(Anecdotario)

UN COMPROMISO QUE CAMBIA EL CURSO DE UNA VIDA

Como fui aguijoneado por la conciencia y estimulado por una corazonada creo que nunca me arrepentiré de haber tomado aquella rápida decisión que me hizo levantar velas en la hospitalaria población de Ponce para venir a correr un albur a la amurallada ciudad de San Juan.

Me acuerdo como si hubiera sido ayer. Sin embargo, en el reloj del tiempo han sonado innumerables horas. Todas juntas forman varios años.

Eso fue allá por el mes de enero del 1938 en una tarde amorosa que se prestaba para dar comienzo a una aventura. Pero, a los fines de hilvanar numerosos recuerdos que tienen mucho que ver con ella, necesario es que me remonte a cuatro meses atrás. Unos hechos eslabonados con otros constituyen la extensa cadena de la interesante historia que el lector encontrará a través de las páginas de este libro.

Había empezado a prestar mis servicios en la estación de radio WPRP, de Ponce, propiedad de don Julio Conesa. Actuaba yo como taquígrafo y reportero, pero también ayudaba, en la transmisión de diversos programas, al compañero locutor Antonio Alfonso.

Para esos días se ventilaba en el edificio conocido por "El Castillo", ocupado por la Corte de Distrito de Ponce, aquel sensacional proceso seguido contra 11 nacionalistas, acusados por un delito de asesinato, como presuntos responsables de la muerte del policía Ceferino Loyola. Eso ocurrió en dicha ciudad de Ponce durante los trágicos sucesos del 21 de marzo de 1937 (Domingo de Ramos), y en los cuales perecieron 21 personas y más de 150 resultaron heridas.

Trece personas integraban el cuerpo de abogados defensores, pero llevaban la voz cantante los licenciados Ernesto Ramos Antonini, Felipe Colón Díaz y Víctor Gutiérrez Franqui.

El señor Conesa me designó para que tomara datos taquigráficos de los más importantes incidentes del histórico juicio para después transmitirlos en los programas del mediodía y de la tarde.

Por lo que pudiera reservarme eso que llaman "destino" o la indispensable trabazón de las cosas que suceden y por aquello de que estaba muy atrasado de medios y lleno de obligaciones me quise dar a conocer como taquígrafo de récord. La celebración del juicio, por un lado, y la designación que recayó sobre mí, por otro lado, vinieron como pedrada en ojo de boticario. Se presentó la oportunidad para lograr el propósito, y me dispuse a aprovecharla.

Las felicitaciones que luego, de distintas partes, llegaban a la Estación, me hicieron comprender que las noticias eran del agrado del pueblo. Tenían que serlo, porque el compañero Alfonso, con su flujo de palabras, con una habilidad y técnica incomparables, les imprimía un gran colorido.

Más ahí no paró la cosa.

Una noche, a través de José Renta Rivera, formalicé un convenio consistente en tomar taquigráficamente, para el periódico matutino El Imparcial, de San Juan, lo que pudiera surgir improvisamente en el curso de la vista del caso durante la sesión de la mañana.

A la semana, después de una entrevista que sostuve con don Guillermo Vivas Valdivieso, hice el compromiso de hacer apuntes para publicarlos en el periódico El Día, de Ponce, de los sucesos más importantes que pudieran suscitarse, en los alrededores de la Corte o en la Sala del Tribunal, entre las ocho y las diez de la mañana.

Ya casi no me daban las energías para cumplir con todas las obligaciones. Empero, como tenía libres las horas vespertinas, entre las dos y las cinco, podía hacer un esfuerzo y comprometerlas con *El Mundo*, *La Democracia* o *La Correspondencia de Puerto Rico:* diarios de San Juan interesados en ofrecer a sus lectores la más detallada información sobre el sonado caso que acaparó la atención del público por un período de unos tres meses.

Yo estaba haciendo, como dicen los moradores de nuestras montañas, de una vía tres mandados.

Solamente necesitaba, para echarle un fuerte nudo a aquel trío de horas libres y campear de sol a sombra, formalizar un contrato más con uno de dichos periódicos. Así podría matar cuantro pájaros de una sola pedrada.

El compromiso no tardó mucho en llegar. Se enredó en las alas del viento. Parece que fue empujado por algo de ultratumba. Se volcó sobre mí. Estremeció mi ser.

¡Quién sabe si Dios, para que yo ayudara a un hombre en la titánica labor de hacer luz en la dormida conciencia de un pueblo, proporcionó la feliz aparición del compromiso! ¿Por qué? Porque este mismo fue el que, bruscamente, en forma misteriosa, hizo cambiar el curso de mi vida en aquellos siete años (del 1938 al 1945), con sus hermosos amaneceres, sus tardes melancólicas y sus noches interminables.

UNA OBRA GRANDE Y NOBLE

¡Fueron más de 2,500 días de lucha intensa, desesperada, tremenda, sin dinero, sin descanso, en medio de la indiferencia, despertando conciencias y aclarando el entendimiento de un pueblo!

¡Fueron siete años de suspiros y lágrimas: de suspiros que se ahogaban y se perdían en el vacío y se deshacían en el aire; de lágrimas que se quemaban y se agostaban con el viento y se derretían en la nada!

¡Siete largos y penosos años con las venenosas garras del ave de la miseria clavadas, sin piedad, en las paredes del estómago, llevando a cuestas la pesada carga de evitar que casi dos millones de seres humanos cayeran en el abismo de la desesperación!

¡Más de 2,500 días dedicados a una santa causa, gozando poco, trabajando mucho, casi sumido en la esclavitud para que esos seres disfrutaran bastante de la vida y no laboraran tanto y tuvieran completa libertad: en la conciencia, en el espíritu, en el corazón!

¡Siete años abandonando a unos seres que llevan mi sangre, que estaban entonces muy pequeños para comprender mi decisión y sacrificio, para seguir a un hombre continuamente, día y noche, por los valles y por las montañas, subiendo por repechos y resbalando por hondonadas, bajo el sol o la lluvia, por los campos y las ciudades, unas veces a pie, otras a caballo y otras tantas en un estrecho automóvil! —que también tiene su historia— que se escondía en callejones obscuros, huyéndoles a los alguaciles o a los representantes de la Justicia para que no lo embargaran!

¡Cientos y cientos de días tenebrosos, llevando sobre nuestras espaldas adoloridas, pero con la antorcha de la fe y la luz de la esperanza alumbrando nuestras almas, el tremendo fardo de aclarar el entendimiento de un pueblo para que él mismo, con su propio esfuerzo, buscara su salvación.!

¡Benditas sean las semillas que, en los surcos de la conciencia del pueblo, se regaron durante esos siete años de martirio, porque, a fuerza de ser abonadas por tantas y tantas lágrimas, se convirtieron en un poco de *pan*, un poco de *tierra* y un poco de *libertad* para casi dos millones de puertorriqueños, entre los cuales se hallaban los que me dieron el ser y se encuentran los que, por tener mi sangre, llevo colgados del alma!

Esos años tienen su historia.

Ayudaron a escribirla muchos compatriotas; pero especialmente la escribieron, con la negra tinta de la miseria y la demacrada pluma del martirio, cuatro hombres, cuatro seres sufridos, cuatro puertorriqueños que enflaquecieron sus cuerpos para darles vida a los demás, que sostuvieron sobre sus hombros la pesada cruz del sufrimiento para que otros tuvieran tranquilidad, que se arrasaron sus ojos de lágrimas para que otros compatriotas tuvieran siempre una sonrisa dibujándose en los labios, que se martirizaron sus almas para que hubiera paz en las demás.

¡Sí! ¡Esos siete años tienen una historia reveladora, escrita desde su primera página, en los capítulos más interesantes y de más intenso colorido, por cuatro hombres: un gran líder de un noble pueblo, dos sufridos chóferes que fueron como dos héroes y un pobre taquígrafo!

De sus nombres; de lo que a ellos les ocurrió durante esos largos años; de sus chistes, excentricidades, anécdotas y aventuras; de sus comedias, dramas y tragedias —de todo eso se enterará el lector si es que no pierde de vista lo que se narra en las páginas que siguen.

Durante esos tristes, largos años, los dos chóferes —hermanos Erasmo y Virgilio Rodríguez— y el taquígrafo —el autor de esta obra— abandonaron a sus seres más queridos para abrazarse a una causa redentora.

La amistad que a principio tenía yo con ellos fue tornándola el sufrimiento, poco a poco, en una sincera hermandad. El dolor nos estrechó en nuestras entrañas. El tormento padecido por nuestros ideales, por causa de nuestra fidelidad, nos unió.

La observancia de la fe que se debe a una persona, la dignidad y la hombría de bien tienen sus leyes. Estas tienen sus exigencias. Nos habíamos impuesto un deber, y deseábamos cumplirlo.

Eramos como tres hermanos. Ya, a través de toda la Isla, por dondequiera que íbamos, decían algunos líderes de la misma noble y redentora causa que defendíamos: "Ahí vienen Erasmo, Virgilio y Lieban: los tres hermanos del dolor".

Nadie, ¡nadie! podrá jamás negar, —¡y quien lo niegue debe tener la conciencia negra!— que contribuimos, desinteresadamente, pero dándole todos los latidos de nuestros corazones, todas las energías de nuestras almas y todas las fuerzas de nuestros espíritus y cuerpos a la realización de una obra grande y noble en beneficio de cientos de miles de seres humanos que en épocas pasadas vivían muriendo.

Era una obra dirigida por un hombre grande y noble también, de elevados propósitos e ideas redentoras; por un hombre de categoría: el solo recuerdo de cuyo nombre debe ser motivo más que suficiente para que, siquiera por el mucho bien que hasta recientemente le hizo al pueblo o al país que le vio nacer, todo puertorriqueño (aunque sea frente a ese *recuerdo*), rindiéndole pleitesía, —en un momento en que tenga el pensamiento en alto o en que su conciencia esté cerca de Dios—, se despoje de su sombrero o se incline reverentemente. ¿Por qué? Porque un hombre así, de su estirpe y de su historia, que acortó su existencia por alargar la de los demás, ¡a veces tarda un siglo en aparecer en el escenario de un pueblo!

Y ese hombre, cuya reminiscencia se acurruca en las conciencias de aquéllos que se vieron obligados a extremar la enlutada copa del dolor y de la desesperación, fue ¡don Luis Muñoz Marín!

UN ALMA EN PENA VAGANDO POR EL CALVARIO

Una vez, a la hora de las ánimas, previa invitación, visité la residencia del licenciado Ramos Antonini, en la calle Isabel, de Ponce.

Allí, entre otras personas, estaba el Director del periódico La Democracia: señor Muñoz Marín, con una mirada lánguida, pero echando lumbre; con el eterno compañero del cigarrillo casi quemándole los dedos; con un traje indicativo de su escaso numerario; con su rostro sorprendentemente apacible, a pesar de que no lo iluminaba el destello de una sonrisa.

Algunos de sus negros cabellos, que parecían estar de punta con la peinilla, se deslizaban sobre la espaciosa blanca frente, donde los surcos de las arrugas todavía no habían hecho su funesta aparición. No había cruzado aún la frontera de los cuarenta años.

Aunque con cuerpo de gigante, por la agradable impresión de su mirada y su serenidad, por la simpatía que inspiraba y su marcada sencillez, y por su extremada humildad, parecía tener alma de niño.

Sus pobladas cejas, su espeso bigote negro, sus finas facciones, lo fornido de su cuerpo, el contorno de su rostro y los rasgos de su carácter, hacían resaltar en tal forma su personalidad que ésta, a un tiempo mismo, inspiraba respeto y simpatía.

Una ligera pausa siguió a los saludos de costumbre.

El Director de La Democracia se mecía lentamente en un cómodo sillón. Hablaba poco, pero fumaba mucho. Apoyado su codo derecho sobre un brazo del sillón, se pasaba el tiempo, con la cabeza ligeramente inclinada hacia la derecha, acariciando y volteándolo con los dedos índice y pulgar de su diestra un mechoncito de pelo. ¡Sólo el Creador y él sabían lo que en ese momento estaba pensando!

Hubo silencio por unos segundos. El licenciado Ramos Antonini lo hizo pedazos.

Entonces fue que me habló.

Su palabra era cadenciosa, suave, reposada.

Me explicó que *La Democracia* necesitaba mis servicios para poder dar a sus lectores una información detallada de lo que, entre las dos y las cinco de la tarde, ocurriera en la Sala de Sesiones de la Corte de Distrito, donde se ventilaba el kilométrico, interesante y ruidoso proceso contra los nacionalistas. En ese juicio, a pesar de la habilidad desplegada por los fiscales —licenciados Pedro Rodríguez Serra, Francisco García Quiñones y Guillermo S. Pierluissi—, obtuvieron un resonante triunfo jurídico los abogados que intervinieron en la defensa del caso.

Pensé un poco.

Tendí la mirada hacia Muñoz Marín. Su cabeza inclinada me recordó la de Jesús en el Gólgota, mas el Hijo de Dios ya se había echado una cruz a cuestas, y el hijo de Muñoz Rivera se preparaba para echarse otra sobre sus hombros.

De pronto la luz de una idea irradió mi cerebro. A la imaginación llegó, más veloz que un relámpago, el recuerdo de unas palabras que horas antes, en la estación de radio, al enterarse de la invitación que Muñoz Marín y Ramos Antonini me habían hecho, me dijo el compañero Alfonso. Más o menos fueron éstas:

—En el triunfo de la causa que defiende *La Democracia* está el porvenir del pueblo. El periódico necesita cooperación. No le niegues la tuya. Coge mi consejo y verás como nunca te olvidarás de mí.

En las columnas de *La Democracia* siempre se habían librado recias campañas políticas en defensa de los intereses del pueblo sufrido. El ilustre prócer de Barranquitas —don Luis Muñoz Rivera—, que voló al cielo cuando más lo necesitaba su patria, había escrito, humedeciendo su brillante pluma como en tinta de sangre, un sinnúmero de editoriales candentes que abrieron profundos surcos para la semilla que luego tendría que ser regada por los líderes que le siguieran.

Mas, al faltar aquel Maestro, como que la conciencia del liderato se aletargó, y nuestro país tuvo que hacer un alto en el sendero que delineó el patricio. Ahí se estancó.

El pueblo estuvo durmiendo por espacio de 20 años.

Mientras tanto, la prédica del socialismo iba haciendo el milagro de despertar a la gente. Se estaba infiltrando en su entendimiento. La estaba sacando de su sueño. Le estaba mostrando al pueblo el camino que debía seguir. Había encendido la luz del entusiasmo. Un poco de claridad se estaba viendo en el horizonte. Entonces el Partido Socialista, fundado por don Santiago Iglesias Pantín, empezó a adueñarse de la mente de millares de compatriotas.

Yo, aunque muy joven, tenía también mis inquietudes políticas. Estaba enterado, por medio de lectura de libros, periódicos y revistas, en español e inglés, y de los fogosos razonamientos de los oradores socialistas desde las tribunas, del conjunto de principios o reglas sobre organizaciones sociales que tenían la inclinación hacia el mejoramiento de la vida económica, civil y política de un pueblo. A mi manera, según la iba entendiendo en mis años mozos, ya estaba como profesando esa doctrina. Confieso que, cuando a fines del 1937, en la residencia del licenciado Ramos Antonini, personalmente conocí a Muñoz Marín y comencé a relacionarme con él, yo tenía hirviendo en la conciencia los discursos vehementes que oía de los apóstoles del socialismo.

No obstante, como de la unión que el Partido Socialista hizo luego con el Partido Republicano —denominada la Coalición— no aparecieron los beneficios que el país esperaba, en las mentes de millares de jóvenes parece que se apagó la llamarada que aquella prédica había formado. Entre esos jóvenes estaba yo. Sin embargo, seguí de cerca el desarrollo de los acontecimientos políticos.

El día 27 de junio de 1937, en Arecibo —la ciudad de mis recuerdos, porque allí fue donde se meció mi cuna— se verificó la asamblea soberana de los comités que hicieron las elecciones del 1936 y que fueron electos por el pueblo liberal.

Había mar de fondo en el Partido Liberal Puertorriqueño, que tuvo su origen en la histórica reunión de Naranjales. Una parte de ese pueblo seguía a don Antonio R. Barceló. La otra simpatizaba con don Luis Muñoz Marín. Y fue en aquella asamblea que se exaltaron los ánimos de los seguidores de "El Vate", como le decían a Muñoz Marín.

Unos insistían en una unión compacta del liberalismo, que fuera justa y que respetara los ideales de la agrupación política y de la voluntad democrática de ésta.

Otros hacían predominar el criterio de que se designaran algunos líderes del mismo seno de la asamblea para que, con energía, recabaran del liderato del grupo disidente "de los 46" la entrega del nombre, las insignias y los derechos del Partido Liberal.

Los más exaltados repudiaban toda clase de gestiones conciliadoras y proclamaban que se procediera inmediatamente a una nueva inscripción del Partido.

¿Sería, acaso, ese nuevo partido el que trajera la felicidad para el explotado pueblo de Puerto Rico?

¡Quien sabe si, aquella noche, en la residencia del licenciado Ramos Antonini, era en eso que pensaba Muñoz Marín!

¡Quien sabe si, cuando tenía su cabeza inclinada y volteaba sus cabellos, estaba pensando en fortalecer la atalaya de su periódico para que sirviera mejor a los intereses de los humildes!

¡Quien sabe si, durante aquel silencio que reinó por breves segundos recibió él, cabalgando sobre las alas del ave del pensamiento, alguna inspiración divina o tal vez algún mensaje que, desde ultratumba, le enviara su padre, diciéndole: Hijo mío: No importa que hayan transcurrido tantos años. Sigue mi obra. No dejes que tus compatriotas duerman. Sacude al pueblo. Haz luz en su camino. Sé su guía. ¡Sálvalo!

Aquella noche, cuando llegó a mi mente el recuerdo de las palabras de mi compañero en las labores radiales, tuve a manera de una corazonada.

Miré fijamente a Muñoz Marín. Parecía apostólica su figura. Y, como respiraba bondad, sentí afecto por él. Pensé en la ayuda que su periódico vespertino necesitaba y decidí cooperar.

Aquella rápida decisión partió del alma.

Allí mismo quedó formalizado un nuevo convenio. Y fue el mismo que, según manifesté anteriormente, hizo cambiar el curso de mi vida en aquellos siete años. ¿Por qué? ¡Eso lo sabrá el lector si tiene un poco de paciencia!

Al despedirme de "El Vate" y los otros amigos ni siquiera cruzó por mi mente, en la inolvidable noche aquélla, la idea de que había empezado a dar los primeros pasos en la senda de un terrible sufrimiento que estaba destinado a recorrer.

Durante el trío de meses que duró el juicio trabajé atrozmente. Nunca me acodillé con la carga. Hice lo que pude. Y si bien fue verdad que dejé el alma enredada en las teclas de la máquina de escribir, también fue cierto que cumplí puntualmente los compromisos hechos con la *WPRP* y *El Imparcial,* y con *El Día* y *La Democracia.*

Poco después, en los primeros días de diciembre, vino un período de bonanza. Comenzó a reinar la tristeza. En casi todos los sitios de la criolla ciudad de Ponce se enseñoreaba la quietud. El ambiente era uno de paz, propicio para soltar las amarras del pensamiento y darse a la evocación de gratos recuerdos.

Mas poco a poco, según las flores de los días se iban desprendiendo del árbol del tiempo, la aristocrática Perla del Sur empezaba a sacudir su marasmo.

Se aproximaban los días de las tradicionales fiestas navideñas.

Hízose a un lado la reina de la tristeza y me imagino que pasó, enigmática y arrobadora, vestida de azul, en su carruaje de perlas, la princesa de la alegría.

En uno de esos días, frente al Hotel Ponce, el amigo Germán Rieckehoff Sampayo me sugirió la conveniencia de que me trasladara a San Juan, donde, según él, estaba mi porvenir. Acto seguido me dio a entender que Muñoz Marín y Gutiérrez Franqui estaban acariciando la idea de hacerme una proposición para que viniera a trabajar a la Redacción de *La Democracia*.

Me acuerdo que le di a Rieckehoff las gracias por la sugestión, le agradecí el interés que por mí se había tomado y le dije: "De momento no sé qué decirte. Déjame pensar". Y nos despedimos.

La verdad era que no hallaba qué hacer. Mi mente estaba hecha un cajón de sastre. Tenía deseos de lanzarme a una aventura. Sin embargo, ese era un asunto que había que consultarlo con la almohada.

Sabía que el referido periódico estaba subsistiendo milagrosamente. Era como una nave misteriosa. Se hundía por la mañana y salía a flote por la noche. El inteligente capitán y los bravos marineros luchaban desesperadamente por evitar un naufragio económico. Si llegaba irse a pique, ¡había que decirle "adiós" a la esperanza del pueblo!

Yo estaba enterado de la verdadera situación del diario. ¿Cómo! ¡Aquí es que está el detalle! No debía replicar a la pregunta. Mas, para los fines de esta historia, que está basada en la verdad, voy a contestarla.

La Democracia, a pesar de la buena fe del Director y del Administrador y de sus buenos deseos de cumplir con los acreedores, apenas podía pagar sus cuentas: ¡ni aún las pequeñas! Y, entre éstas, se encontraba la mía: una factura por concepto de los servicios como reportero que le presté durante el kilométrico juicio contra los nacionalistas. Tuve que alargarle la mecha al periódico.

Con ese panorama ante mi vista tenía que tener "madera" de héroe para venir a la Capital a probar fortuna. Mas, como simpatizaba con el Director y sus leales amigos, y me estaba encariñando con el diario, comencé a darle vueltas en mi cabeza a la sugestión de Rieckehoff.

Una mañana de enero de 1938, poco después del Día de Reyes, se presentó una oportunidad de hablar con el licenciado Ramos Antonini. Tema obligado fue el de *La Democracia*.

No recuerdo exactamente cómo surgió la cosa, pero lo cierto fue que en aquella mañana se redondeó la idea de trabajar en San Juan. Dicho letrado, tal vez obedeciendo a un repentino impulso de su noble corazón, sugirió la conveniencia de mi traslado a la Capital y tuvo la gentileza de recomendarme a la Redacción del indicado vocero. Le agradecí la recomendación y me despedí.

¡Los pasos que inicié entonces fueron los primeros en mi vía crucis!
Al atardecer se abrieron las cataratas del cielo. La lluvia estuvo, por varias horas, azotando fuertemente las calles y los tejados. El tiempo no se prestaba para comenzar un viaje. Y resolví posponerlo por un día más.

A la mañana siguiente, pocos minutos después de haber dado mi última vuelta por la estación de radio para decirles "adiós" a mis compañeros, encontré a mi amigo Gilberto Torres Córdova. A la vez que me dio a entender que tenía conocimiento del viaje, expresó el deseo —ya que debía diligenciar ciertos asuntos en San Juan— de ser mi compañero.

Puse cara de pascua, pues ya no estaría solo en la aventura. No obstante, hablando de aquí y de allá, llegamos a un punto que, además de trágico, era cómico: ¡sólo teníamos un par de pesetas! ¡Con qué gran capital contábamos para realizar un largo viaje! No podíamos mandar a cantar a un ciego y ya, con el dorado hilo de una ilusión, estábamos, en nuestra imaginación, tejiendo un sueño de aventureros.

En cuanto a mí, había pensado lo siguiente: Cojo tres dólares prestados para el viaje y, mañana, tan pronto me presente en *La Democracia*, cobro lo que me deben, saldo el préstamo, y reservo el resto para pasar la primera semana. Y el sábado, cuando me paguen el semanal, le mando un giro postal a la familia y ahorro algo en el banco...

Magnífica idea. Un lindo plan. ¡Pobre de mí! No sabía que me esperaba el calvario.

De súbito, como una centella, por el cerebro de Torres Córdova cruzó una idea feliz. Recordó que el camión de *La Democracia*, que todas las tardes, excepto los domingos, llevaba a Ponce los periódicos, siempre "dormía" en la capital. Y pensando entonces que podíamos abordarlo gratuitamente, luego de hablar con el chófer Pimentel, y expresando que no me ocupara de "conseguir" dinero, porque él "resolvía" ese problema tan pronto llegáramos a San Juan, fue convenio encontrarnos al atardecer en el sitio donde el vehículo era estacionado. El propósito era, del lugar donde transitoriamente se colocaba dicho camión, iniciar la partida o la aventura con rumbo a la ciudad de las murallas.

Según lo reflexionamos, así lo hicimos. No hubo falla en nuestros planes.

¡Qué maravillosa estaba aquella tarde de enero del año 1938! ¡Y qué de recuerdos me trae! Los llevo, con un nudo indisoluble, atados a mi vida. En todo tiempo están a mi lado. Andan conmigo. Sólo me abandonarán cuando mis pupilas se cierren para siempre y yo caiga en brazos del olvido, en el profundo seno de la eternidad.

Cuatro horas después, a eso de las diez de la noche, con un mundo de ilusiones en nuestros almas y una centavería en los bolsillos, llegamos a la capital.

Nos despedimos de Pimentel, que nos dejó frente al edificio de *La Democracia*, situado en la calle Salvador Brau número 91, y, para matar el tiempo, fuimos a dar unas cuantas vueltas por la población. Luego nos sentamos en un banco de la Plaza de Armas, frente al Municipio.

De allí, en el preciso momento en que el reloj del Ayuntamiento dejaba caer once campanadas, encaminamos nuestros pasos rumbo al Bar "Shangri-Lá", ubicado en la calle San Justo número 37. El negocio era administrado por el hermano de Gilberto —Rafael Torres Córdova—, un reconocido periodista, reportero y redactor del periódico *El Mundo*.

Después de la debida presentación y de los saludos de rigor mi compañero de andanzas, sin encomendarse a Dios y sin más acá ni más allá, le contó a su hermano el propósito del viaje, mi situación económica y la necesidad que de un dólar yo tenía para pasar la noche en un hotel que no fuera de alto copete.

Mi compañero del lance extraño apenas me dio tiempo para adoptar la pose favorita del individuo que va a coger algo prestado: arreglarse el lazo de la corbata, ajustarse bien el gabán, mirar "dulcemente" a la "víctima", asentir con la cabeza, y sonreír, a fin de aparecer lo más simpático posible.

En menos tiempo del que se necesita para pestañear, el generoso administrador del bar, a la vez que sonreía y me echaba su diestra por los hombros, dándome unas palmaditas, me entregaba con su mano izquierda un billete de un dólar y me decía:

—¡A luchar se ha dicho, muchacho! Aquí estoy a tus órdenes. Buena suerte.

Al darle las gracias, le prometí volver al día siguiente para saldar la deuda. Entonces expresó estas cuatro palabras, el eco de las cuales me parece oír todavía:

—Nada me debes. Despreocúpate.

Gilberto y yo nos despedimos. En el "Shangri-Lá" terminó su aventura. La mía... ¡solamente comenzó!

Al cabo de una hora, y en el Hotel Olimpo, de la calle Salvador Brau número 89, contiguo al edificio de *La Democracia*, di cumplimiento a una cita que tenía con el dios del sueño.

Dormía, sin aún imaginármelo, cerca del Gólgota.

A la mañana siguiente, a eso de las ocho, luego de tomarme una taza de café en un cercano restaurante, visité el edificio del periódico. El Taller estaba en la planta baja. Las oficinas del Director, del

Administrador y de la Redacción quedaban en el segundo piso. Y hacia éste encaminé los pasos.

Ya estaba allí, en cuerpo de camisa, sentado frente a su escritorio, de espaldas a una pared, con un lápiz amarillo detrás de la oreja derecha, encorvado sobre unos papeles ajeno de lo que a su alrededor pasaba, el corpulento Administrador: don José Aldea Bigles. Se le conocía por *don Pepe*. Aunque peinaba algunos cabellos plateados, se veía, por su color blanco rojizo, fuerte y saludable.

Le di los buenos días. Me contestó afectuosamente, y me mandó a sentar. Cuando empezaba a hablarle del motivo que me llevaba a visitarlo levantó la vista de sus papeles, me miró fijamente y exclamó:

—¡Ah! Entonces usted es el joven que nos manda Ramos Antonini.

—Servidor suyo— dije.

—Gracias— murmuró.

Una ligera ondulación se formó en sus cejas y en sus labios.

Unos segundos después empezó a hablarme de la cuentecita pendiente de su pago.

Sus palabras me estaban sonando bien. Mis labios hicieron el dibujo de una leve sonrisa. Y dije para mi interior: ¡Me salvé!

Estaba como bañándome en agua de rosas.

Mas la alegría duró el tiempo que tarda un relámpago en recorrer la bóveda del cielo.

Don Pepe, en un santiamén, me enteró de la tremenda crisis económica por que atravesaba *La Democracia*, diciéndome luego que, si recibía un dinero que esperaba de un momento a otro, se "acordaría" de mí.

Automáticamente me palpé los bolsillos. Sólo me quedaba un ripio de centavos. Ahí fue que puse cara de viernes. Sufrí una decepción. Pensé en mi familia. Y si mi voluntad hubiera sido más débil en ese mismo instante hubiera buscado los medios de retornar a la apacible Perla del Sur.

Eso pensé en un minuto de indecisión. No obstante, me dejé llevar por un rápido impulso del corazón y cambié de parecer.

Como no me quedaba más remedio que bailar al son que me tocaban y armarme de paciencia, y como allí no estaba el señor Muñoz Marín, el Director —con quien yo venía a trabajar directamente, según lo convenido en Ponce con Ramos Antonini—, le supliqué al señor Aldea Bigles que me asignara alguna labor, pues deseaba ocuparme en seguida en la ejecución de alguna tarea.

Sin embargo, mientras sumisamente pedía trabajo, para mis adentros exclamaba: ¡Me llevó el demonio!

Me pasé toda la mañana, junto al compañero Rafael Rivera Santiago, a quien le decíamos *Duprey*, corrigiendo pruebas de galeras.

De vez en cuando, al notar que algún visitante conversaba con el Administrador, yo le lanzaba a éste, como el que no quería la cosa, una mirada escudriñadora.

Yo seguía trabajando, mas siempre con el rabillo de un ojo pendiente de las manos de *don Pepe*, para ver si recibía algún dinero y para ver si se "acordaba" de mí. Pero, en el 98 por ciento de los casos, los visitantes eran acreedores, que le hacían perder los estribos al Administrador y me desesperaban a mí.

Detrás de cada acreedor se iba un profundo quejido de mi corazón, un extenso suspiro del alma, un tremendo gemido del pecho. Cada visitante, al marcharse sin dejar dinero, ponía el sustento de mis seres queridos y el mío a considerable distancia y echaba al suelo el ramántico castillo de mis planes.

Me estaba viendo ya, de pies a cabeza, metido en un berenjenal.

Como a la una de la tarde comenzó a ladrar el estómago. El ripio aquél sólo alcanzaba para pedir en un restaurante lo que muchos obreros en nuestro país denominan una "mixta" y varios mozos llaman una "misteriosa" y que vale unos 30 ó 35 centavos; o sea, arroz y garbanzos, habichuelas o frijoles cocidos, un pedazo de papa y carne guisada, todo ello servido en un plato.

Mis aprietos empezaron cuando le di vueltas en el magín a este pensamiento: Si almuerzo ahora, ¿qué ceno a la tarde? Y a la noche, ¿dónde duermo?

De repente recordé aquello de que "la luz que va delante es la que alumbra" y me puse el reloj de pulsera, me arreglé la corbata, me engabané y me dirigí hacia "La Vizcaína": lugar donde se servía de comer, situado a pocos pasos de *La Democracia* y propiedad de don Américo Mendía.

Me senté frente a una mesa de una esquina. El mozo Miguel Matos en seguida me trajo la lista de manjares y me preguntó:

—¿Quiere que le mande a preparar un pollo frito, con suficientes "tostones" por el lado?

Los "tostones" son rebanadas de plátano crudo puestas en aceite o grasa hirviendo los minutos necesarios hasta que se puedan comer.

Noté que la cajera Leonides me estaba mirando. Me puse a cavilar. En el ínterin Miguel lustraba la mesa y traía los cubiertos y el servicio de pan y agua.

—¿Se decidió..., Mister?

No encontraba qué contestarle.

Yo estaba indeciso, como el forastero que se encuentra en el sitio donde se unen tres o cuatro carreteras desprovistas de señales que lo guíen. Descargaba sobre el reloj, la corbata y el gabán aquella tremenda indecisión. En aquel instante ese trío de aditamentos como que me molestaba. Mientras tanto el mozo aguardaba la orden. Yo pensaba que una "mixta" y un pollo frito y el aderezo eran tan desemejantes como la noche y el día, como la luna y el sol. Entre esas cosas no había parecido alguno.

—¡Ah! ¡Un momento!— exclamé.
—¿Se le olvidó algo, "Mister"?
—Sí, hombre...— murmuré.

Y, como si hubiera sido impulsado por una fuerza extraña, de pronto me levanté, le dije a Miguel: "Vengo ya mismo", y salí disparado de allí como alma que lleva el diablo.

En un decir amén llegué a las oficinas del periódico, me despojé de aquellos tres aditamentos y me dirigí rápidamente a "La Taza de Oro": un establecimiento donde se servían comidas ubicado en el número 21 de la calle Luna.

Me senté frente a una mesa bien al fondo de aquel negocio. Tan pronto se me acercó el mozo Germán, a fin de no darle tiempo para que me ofreciera algún manjar favorito, le dije, a media voz, como en un susurro, lo siguiente:

—Lo que quiero es una "mixta".

Y él gritó estrepitosamente:

—¡Maestro!: ¡Atráquele una "misteriosa", que está "finito"!

No tardé tres minutos, como por arte de birlibirloque, en devorar aquella comida. Y como el estómago siguió lanzándome otros ladridos tuve que conformarlo con un par de vasos de agua.

Al cuarto de hora ya estaba de lleno en mi faena, mas siempre observando los movimientos de Aldea Bigles. Un espía no lo hubiera hecho mejor. No podía hacer otra cosa, porque tanto en mi alma como en mis bolsillos había una profunda tristeza, una infinita melancolía.

Como a las cuatro de la tarde, en cuerpo de camisa, sin corbata, despeinado, vistiendo un pantalón de dril bastante arrugado, descosido por los ruedos, y con el gabán sobre el brazo izquierdo, llegó el señor Muñoz Marín.

Más que un director de periódico parecía un boxeador que acababa de pelear por el campeonato mundial del peso completo.

Me saludó. Le contesté el saludo.

En seguida se perdió por el pasillo, entró un momento a su oficina y rápidamente subió la escalerita que conducía a su dormitorio.

Confieso que, cuando lo vi, un rayo de esperanza iluminó mi alma. Era él, en medio de mis tinieblas, un faro de protección, una luz bienhechora, una estrella rutilante que alumbraría mis pasos por la escabrosa ruta que muy pronto tendría que recorrer. Eso que llaman "destino" estaba en sus manos. Y a éstas confié mi hado.

A medida que pasaba el tiempo estos abnegados empleados del periódico iban abandonando el edificio:

Luisa Freyre, Teresa Lasalle, Carlos Guzmán, Manuel Mariotta, Antonio Aguiar, Miguel Trías, Pimentel, Angel Maldonado, Pascual Valencia, Sergio Torres.

Y Manuel Vázquez, Ramón Reyes, Mateo Berríos, Domingo Perea, Celestino Lamar, Tito Mendoza, Juan Lamar, Nicolás Peñón, Pedro Berríos, Pedro González y *Duprey*. Este fue a dar con su pobre humanidad al Manicomio.

Ellos eran los héroes anónimos de unas cuantas batallas terribles que ocurrían en el profundo silencio de sus días tristes, en la tremenda soledad de sus noches aciagas. Luchaban a brazo partido, en medio de las gigantescas olas del olvido y la indiferencia, para que la nave de *La Democracia* se salvara de tantos naufragios económicos.

Ellos eran los que, tras bastidores, laboraban afanosamente para que el gran actor de su viril periódico siguiera haciendo luz en el escenario del entendimiento del pueblo.

Eran hijos del martirio y la desesperación, del dolor y la miseria, del sufrimiento y la tristeza.

Por sus sacrificios, desvelos y luchas tremendas en la trinchera donde siempre se defendían los derechos de los humildes y sufridos, el pueblo estaba contrayendo con ellos una gran deuda: ¡una obligación que debía agradecerse eternamente y recordarse a todas horas y mantenerse en todo momento en las mentes de los que ahora dirigen al pueblo por el camino de su felicidad!

Estando yo parado aquella tarde a la entrada del edificio, esos compañeros, uno a uno, iban despidiéndose de mí, dejando caer, de sus pálidos labios, un melancólico "adiós", un triste "hasta luego" o un penoso "hasta mañana".

Luego, poco a poco, el reloj fue triturando segundos, desgranando minutos, deshojando horas.

Como a las seis de la tarde llegó el licenciado Samuel R. Quiñones, íntimo amigo de Muñoz Marín, y me preguntó por éste. Al contestarle que estaba arriba, subió rápidamente la escalera. Por estar yo como la manga de un chaleco le seguí los pasos, no para pedirle algo, sino para que el Director de *La Democracia* se acordara de que yo estaba aún rondando por el edificio en espera de que me diera algún dinero para la cena y el hospedaje.

Yo parecía un alma en pena vagando por el calvario.

Por allá, bien a lo último del pasillo, sentados frente a la mesa del comedor, estaban los dos amigos. Por acá, en las oficinas del periódico, solo, triste, meditabundo, dándole vueltas en la cabeza a unas cuantas ideas, estaba yo. En aquel obligado retiro solamente me acompañaban las penas.

Largo tiempo estuve rondando por allí. Muchos planes se forjaron en mi mente.

De vez en cuando, como el que no quería la cosa, poniéndome de puntillas, sigilosamente, me acercaba a ellos, colocándome en un sitio estratégico. Primero hacía que miraba al cielo, a través de las ventanas. Después simulaba que algún compañero me llamaba desde el Taller. Luego me ponía a carraspear. Pero todos esos planes fracasaron, bien porque Muñoz Marín no se daba por aludido o bien porque me estaba dando un cordel.

No obstante, volví a la carga con otras ideas.

Aparenté estar sediento. Entonces, con paso firme, atravesé el pasillo, pasé muy serio por el lado de ellos, me detuve a la entrada de la cocina y, con toda cortesía, le pedí un vaso de agua a la joven dedicada al servicio doméstico. Creo que estuve un siglo tomándomelo. Mas... ¡nada! El anzuelo no se tragaba, y yo tenía que volver atrás mis pasos para pensar otra estratagema.

Súbitamente intercepté un "proyecto" que volteaba en el cerebro. Y allá fui a ponerlo en práctica. Me acerqué al par de amigos y dije:

—Con el permiso.

—Usted lo tiene —replicó el licenciado Quiñones.

—Don Luis: ¿Cree usted que me puedo ir ya?

—Sí, cómo no —contestó con rapidez.

—Se lo preguntaba, porque...

Ahí me atraganté. No acertaba a dar ninguna explicación.

Quiñones me miró de hito en hito. Luego cambió la vista hacia Muñoz Marín. Y éste, adivinándome el pensamiento y dándose cuenta de mi perplejidad, al mismo tiempo que clavó sobre las mías sus pupilas de azabache, se sonrió y manifestó:

—Sí. Comprendo la situación, muchacho. No te vayas. Quédate por ahí un momento en lo que Samuel y yo terminamos.

—Está muy bien— dije.

Y me retiré un poco. Mas apenas había dado algunos pasos cuando el eco de unas sonoras carcajadas retumbó en mis oídos. Yo tenía conocimiento de que Muñoz Marín, celebrando dichos agudos y graciosos de sus simpatizadores, lo hacía a carcajada tendida; pero aquel eco de la risa estrepitosa y de larga duración me puso a reflexionar. A lo mejor me estaban tomando el pelo, comentando mi situación, que tenía su parte de chiste, pero también su parte de tragedia.

Mientras yo esperaba, el cielo encendía sus diamantes. Las sombras de la noche lo arropaban todo, y la hermosa Selene iniciaba su majestuosa ascensión hacia lo infinito.

El ambiente era uno de meditación, adecuado para que, en raudo vuelo, el ave de la fantasía batiera sus alas y traspasara los límites de la imaginación.

En la soledad de aquellas oficinas me hundía en profundas cavilaciones. Pensaba en esa fuerza no conocida que, de acuerdo con los politeístas, ejercía un poder irresistible sobre las divinidades, el género humano y los acontecimientos.

Cuando más concentrada tenía la mente, el licenciado Quiñones, con paso rápido se me acercó y expresó:

—Véngase, que Muñoz quiere que lo lleve a "El Chévere".

—Sí, señor— murmuré. Y me fui a los alcances.

Segundos después estaba yo junto a Quiñones, acomodado en el asiento delantero de su automóvil. Cogió el volante y emprendió marcha rumbo al concurrido y aristocrático restaurante de la avenida Ponce de León y la Parada 22, en Santurce. En el trayecto, tal vez para sacarme de dudas o para alimentarme el alma de esperanzas, Quiñones me comunicó que en "El Chévere" yo cenaría y que don Ramón Marín, dueño del establecimiento y primo de Muñoz Marín, me daría algún dinero para el dormitorio y el desayuno de la mañana siguiente.

Entonces fue que respiré a todo pulmón. Un gran suspiro se escapó del pecho y se perdió en el aire. Me sentí feliz en aquel momento. Tuve tranquilidad. Me alegré. Sonreí.

Al poco rato ya estábamos en "El Chévere". El licenciado Quiñones, luego de hablarle aparte al señor Marín y de hacer la acostumbrada presentación, se despidió de mí con estas palabras:

—Ya está todo arreglado.

—Muchas gracias.

—No hay por qué darlas. Hasta mañana.

Yo, que había salido de un cenagal, muy risueño repetí:

—Hasta mañana.

Esa noche *don Moncho*, como llamaban al dueño del restaurante, se portó muy bien conmigo. Todo salió de acuerdo con los planes.

UN FENOMENO

A la mañana siguiente, al entrar a la Redacción, al primero que vi fue a un jeven de regular estatura, blanco tirando a trigueño, ancho de espaldas, fornido, pero con cara de acelga amarga. Mientras se boleaba el sombrero de fieltro y se arreglaba el gabán me contemplaba y se sonreía maliciosamente. Se parecía a un abril, haciendo chistes a diestro y siniestro.

Imitaba los gestos de líderes y compañeros. Siempre estaba observando a los empleados para luego imitar la manera de hablar, la forma de reír, el modo de andar de ellos.

Hacía más muecas que un payaso.

Cuando más pensativo estaba uno, se acercaba él y, con uno de sus picantes chistes, lo hacía reventar de risa.

Al principio lo juzgué como un tonto de capirote. Después observé que era un joven sano. Luego comprendí que tenía mucha sandunga, y que se desvivía por dar bromas a sus compañeros y hacerles descoyuntar de risa.

Ese joven se llamaba Erasmo Rodríguez.

Esa mañana, cuando más ocupado estaba yo corrigiendo unas pruebas, se me acercó y formuló esta pregunta:

—¿Tú vas a trabajar con "el viejo"?
—¿Qué viejo? —inquirí.
—Con don Luis —replicó.
—Bueno..., yo vengo a trabajar a *La Democracia* —le dije.

Entonces sonrió con ironía. Se arrugó. Hizo un encogimiento de hombros. Frunció las cejas y me soltó en los oídos la frase que sigue:

—¡Pena te tengo!
—Quité la vista de las pruebas. Lo miré fijamente. Me contestó la mirada en igual forma.

Reinó un breve silencio.

Después, asintiendo con la cabeza y con una voz que parecía salir de lo más recóndito de su alma, más o menos manifestó lo siguiente:

—Esto aquí es la cárcel. Está uno arando en el mar. Hay que hacer como el camello: guardar la comida por tres días. Por lo menos uno se va en blanco cuatro días a la semana. Aquí hay que vivir del cuento. El que sea tímido se lo lleva el demonio. Es mejor estar en Atlanta.

Sus palabras me hicieron discurrir. No se me alejaba de la mente aquello de... "¡Pena te tengo!"

Luego, investigando de aquí y de allá, me enteré de cómo fue que Erasmo vino a trabajar bajo las órdenes de Muñoz Marín.

Se dice que, allá para el 1937, el Director de *La Democracia* necesitaba una persona para guiarle un automóvil Ford verde-gris, modelo del 1935. Y se dirigió a su amigo don Félix Alvarez —un conocido líder político de Bayamón—, diciéndole:

—Búscame un chófer que no coma y que no cobre!

Al señor Alvarez no le quedó otra alternativa que reírse estrepitosamente. Era una brega difícil encontrar a ese fenómeno.. que *no* comiera y que *no* cobrara.

No obstante, fue en su búsqueda. Y se rumora que visitó al amigo Marcelino Rivera, apodado *Sicá*, en su residencia de la calle Comerío, de Bayamón. A éste se le hizo el ofrecimiento de pagarle unos tres dólares a la semana como chófer de Muñoz Marín. Como Rivera tenía familia, declinó la oferta, pero al mismo tiempo expresó que él tenía un primo que podía "ajustarse esa chiripa" y que lo mismo hacía "un barrido que un fregado". Y recomendó a Rodríguez.

Entonces el líder político, sin más acá ni más allá, se lanzó a la "conquista" del "fenómeno", logrando su objetivo. En la persona del chistoso Erasmo creía encontrar lo que Muñoz Marín le pedía: ¡un chófer que no comiera y que tampoco cobrara! *Sicá*, al escurrir la bola, sin querer internó a su primo en un tremendo berenjenal.

EL FILOSOFO

Aquel mismo día conocí a Virgilio Rodríguez, el hermano de Erasmo. Alternaba en las labores de chófer y mensajero. Guiaba, en algunas ocasiones, el camión de *La Democracia*. Otras veces conducía el automóvil de Muñoz Marín.

En lo físico, Virgilio tenía un extraordinario parecido con su hermano. Sin embargo, en su manera de ser y de comportarse era completamente distinto.

Casi siempre estaba sentado frente a mi escritorio sin decir esta boca es mía.

Algunas veces se sentaba en un vetusto, pero cómodo sillón verde, sin mecerse, en actitud meditativa, inclinado hacia el frente, con los codos sobre las rodillas y las manos aguantando las quijadas. Por observarlo casi siempre así le apodábamos "el filósofo".

Virgilio apenas hablaba. Su semblante carecía de expresión y colorido. Tenía la palidez de una rosa marchita. Los días de abstinencia dejaron huellas indelebles en su rostro. Tenía su mirada la tristeza de una tarde muriente, la languidez de la luna en una noche de tempestad. Sus ojos eran del color de sus penas. Sus labios desconocían el dibujo de una sonrisa.

El sufrimiento lo cogió del brazo sin apenas soltarlo, y tanto lo zarandeó que fue tornando en blanco el luto de sus cabellos.

Virgilio Rodríguez

UN ARBOL CAIDO

Una vez, en uno de aquellos días de enero, a la hora en que el astro rey se paseaba por el cenit y el hambre se acurrucaba en nuestros estómagos, los hermanos Rodríguez y yo, que estábamos como las mangas de un chaleco, nos apostamos a la entrada del edificio del periódico. Nos alimentábamos de las esperanzas de que surgiera la figura de algún generoso líder y nos obsequiara con un ligero almuerzo.

Nuestro jefe se había desaparecido. Y el Administrador, en vez de dinero, soltaba suspiros.

Estábamos como olvidados.

Momentos así nos incitaban a actuar reflexivamente. Soliloquiábamos. Creo que decíamos cosas fuera de regla y razón. La mala suerte que tenía Aldea Bigles en la cobranza de los anuncios que imposibilitaba el pago puntual de nuestro estipendio y la idea de que a Muñoz Marín se lo había tragado la tierra eran temas que teníamos que considerar detenidamente.

Sin embargo, seguíamos fieles a nuestro jefe. Siempre confiábamos en él. Procedía con honradez; estaba pronto a complacernos; actuaba con magnanimidad; era desinteresado para el dinero. A él también se le había "asignado", como Director, un salario semanal, pero tampoco el Administrador podía "pagárselo". De la asignación al pago había un trecho largo.

Sufría también, sin quejarse, las consecuencias de la horrorosa situación económica que atrevesaba *La Democracia*. Esa condición, según nos explicaba Aldea Bigles, se debía a varios factores, como éstos, por ejemplo:

(1) A la morosidad de ciertos anunciantes, individuos y agencias públicas en el pago de las respectivas facturas por concepto de la publicación de anuncios, avisos y edictos.

(2) A la negación de algunos líderes políticos —simpatizantes de las ideas de Muñoz Marín— y amigos pudientes de continuar cumpliendo con previos ofrecimientos económicos para ayudar al sostenimiento del periódico.

(3) Al mantenimiento contumaz de jefes de departamentos del gobierno de la Coalición de la práctica observada de no ordenar o autorizar la publicación en *La Democracia* de costosos anuncios sobre proclamas, decretos, avisos, etc., ya que este vocero era un órgano de Oposición. Y

(4) A la carencia del líder y director Muñoz Marín de poder político, y a su inhabilidad para dispensar mercedes.

"Además" —filosofaba *don Pepe*— "el fuerte viento de la indiferencia y del papeleo burocrático se empeña en echar a pique la nave de nuestro periódico". "Somos" —continuaba discurriendo— "el blanco de diversos ataques".

Todo eso parecía ser el quid de aquella situación.

Y nosotros —los pobres empleados— jamás pensamos abandonar la trinchera mientras nuestro "general" estuviera bajo fuego graneado, pasando también las de Caín. Es bueno recordar esto: En aquellos días de miseria y luchas, de sudor y penas, de trabajo y lágrimas, eran escasos los amigos verdaderos de Muñoz Marín y muchos hasta calificaban de "fantásticas" sus ideas.

Como entonces él era como un árbol caído, y casi todo el mundo quería encaramársele a las ramas; y como no tenía poder político alguno y no podía otorgar favores, muchos se alejaban de él y hasta negaban cooperación económica al vocero de su dirección. Por eso *La Democracia* estuvo bamboleándose. Por un milagro no desapareció. Y el milagro lo realizaron los pocos líderes y los contados amigos que tenían fe en Muñoz Marín y en sus ideas democráticas y de justicia social y que sabían hacia dónde se encaminaba.

Cuando más uno se daba cuenta, en aquel tiempo, de que un líder en el suelo, sin poder político, era solamente acompañado por la dama de la soledad era en el día de su cumpleaños. Casi siempre, durante la trágica época en que nuestro jefe era como un árbol seco, el 18 de febrero lo pasaba en la estrecha habitación del mirador del edificio del periódico o en la residencia de algún fiel amigo, tal vez dándole forma, en su prodigiosa mente, al cúmulo de valiosos proyectos que, con notable éxito, más tarde iba a poner en práctica.

Y cuando todos lo dejaban solo, en su glorioso día, por allí cerca de él, dispuestos siempre a servirle desinteresadamente, estábamos sus tres empleados: los dos abnegados chóferes y este pobre taquígrafo.

Fue el día 18 de febrero de 1898 que, en la calle Fortaleza, de San Juan, Puerto Rico, nació don Luis Muñoz Marín. Sus padres eran don Luis Muñoz Rivera y doña Amalia Marín, afectuosamente llamada *doña Maló*. Se adelantó en 158 días a las tropas americanas, que hicieron su entrada triunfal en esta Isla el 25 de julio del mencionado año. Probablemente la fecha del 18 de febrero será guardada por las generaciones futuras para conmemorar el natalicio de un prócer, hijo también de otro ilustre patricio que nació en Barranquitas.

COGIENDO AGUA EN UN CESTO

Aquella vez, cuando los hermanos Rodríguez y yo nos apostamos a la entrada del edificio del periódico, nos vino a sacar de penas el amigo Homobono Ocasio, que para esa época era un alto empleado de la "National Cash Register Company". Comprendió nuestra situación, porque, sin esperar a que "el fenómeno" contara un chiste, a que "el filósofo" se sentara y se agarrara las quijadas y a que "el taquígrafo" adoptara un aire de intensa melancolía, nos obsequió con un reluciente "Washington" y a la vez nos dijo:

—Divídanselo como buenos hermanos.

Vimos el cielo abierto.

El resto de aquel día, gracias a la generosidad de Ocasio, lo pasamos más tranquilo.

Mas aquello fue el principio de nuestra desdicha. Cada día sufríamos más. Vivíamos en una completa incertidumbre económica. Se trabajaba demasiado, pero casi nunca se cobraba. Estábamos como cogiendo agua en un cesto.

Gracias a don Jesús T. Piñero, quien en algunas ocasiones traía dinero para que se pudiera pagar a los empleados de *La Democracia*, podíamos aliviar bastante nuestros grandes sufrimientos.

Y mientras se despedazaban nuestras almas, se enflaquecían los cuerpos y se aniquilaban los espíritus, nuestros seres queridos no acertaban a comprender el motivo de tenerlos desamparados por ser leales a un hombre... y seguirlo en sus andanzas... y ayudarlo en la sacrosanta obra de redención social en que estaba empeñado.

LA EPISTOLA "DE UN HOMBRE ENSOBERBECIDO A UN HOMBRE ESTUPEFACTO"

En los primeros meses del 1938 empezó Muñoz Marín a redondear sus planes políticos. Lo respaldaban, en la Legislatura, los representantes Rodolfo Ramírez Pabón, José Mimoso Raspaldo, Ernesto Carrasquillo y Vicente León, hijo.

Yo había dejado de ser reportero y corrector de pruebas para convertirme en su secretario y taquígrafo personal.

Muñoz Marín era el Presidente del Comité Ejecutivo del Partido Liberal Neto, Auténtico y Completo que se había elegido en la asamblea de Arecibo. Su autoridad soberana fue firmemente respetada y respaldada, moral y políticamente, por los siguientes once líderes de profundo arraigo, de relieve histórico en las contiendas cívicas, de sólida reputación y de un prestigio invulnerable, que eran vicepresidentes del referido Comité:

Señora Librada Rodríguez viuda de Ramos y señores Francisco M. Susoni, Rodolfo Ramírez Pabón, Juan Dávila Díaz, Santiago R. Palmer, Andrés Grillasca, Ernesto Ramos Antonini, Rafael Calderón, Samuel R. Quiñones, Enrique Manrique y Manuel A. García Méndez.

Entre el liderato del Grupo de los 46 y el liderato del liberalismo auténtico se venía sosteniendo una gran pugna. El primero se mantenía en disidencia, sin acatar la voluntad del Partido Liberal Puertorriqueño expresada en la referida asamblea, sumido en una tremenda rebeldía. El segundo abogaba constantemente, día tras día, por una unión compacta, estrecha, completa de todas las fuerzas del liberalismo.

Muñoz Marín me dictó numerosos artículos y editoriales llamando a la unión. Los "netos" llenaban las columnas de *La Democracia* con escritos de orientación, abriendo las puertas para que pasaran todas aquellas personas que, de buena fe, quisieran hacer la tan ansiada unión de todo el liberalismo. Sin embargo, los "rebeldes" se mantenían firmes en su trinchera del frente —la Junta Central—, dirigidos por don Antonio R. Barceló: un ilustre caudillo que ya estaba muy entrado en años.

Desde esa trinchera, y a través de otros colegas de *La Democracia*, se atacaba duramente a Muñoz Marín; pero éste, imperturbable, sereno, firme, confiado, continuaba dictándome artículos. Trataba de alumbrar el camino que debían seguir los liberales e insistía en sus gritos de "¡Unión, Unión, Unión!" Aparentemente estaba sembrando en arena; mas lo cierto era que estaba despertando a un pueblo.

Para que no decayera el entusiasmo de sus seguidores, y para avivar los ideales de su colectividad, repasar la situación política entonces existente, llegar a conclusiones definitivas y establecer pautas con el propósito de iniciar una bien planeada campaña de difusión democrática de dichos ideales, el Comité Ejecutivo del liberalismo auténtico se dio cita para el día 4 de mayo de 1938 en el pueblo de Aibonito.

Cinco días después fue publicado en *La Democracia* aquel editorial titulado *En Campaña*, los últimos párrafos del cual, a manera de recordatorio, reproduzco a continuación:

"En el terreno de los ideales del Partido Liberal Neto, que es, en el terreno de las realidades, el histórico Partido Liberal, se considera a sí mismo depositario de los ideales de independencia por medios pacíficos y amistosos y de justicia social, sana, sensata y sin estridencias.

"Pero el Partido Liberal Neto quiere ser algo más que eso —a pesar de lo mucho que es eso—: El Partido Liberal Neto y Auténtico quiere ser fuerza que eleve el nivel de la vida pública en Puerto Rico, que depure las prácticas de la lucha cívica, que prepare a Puerto Rico cada vez más para el ejercicio sensato y pacífico de los plenos poderes de su pueblo en el día en que esos plenos poderes sean conquistados para el pueblo de Puerto Rico.

"Tomando esos propósitos en consideración, el Comité Ejecutivo del Liberalismo Neto y Auténtico decidió iniciar su campaña a favor de los ideales que representa, y de la forma pacífica de realizar esos ideales que expone y propulsa el pueblo. Se propone prescindir estrictamente de todo personalismo, de toda hostilidad sistemática hacia hombres, bien sean adversarios del liberalismo o insurrectos dentro del histórico liberalismo. El Partido Liberal Neto y Auténtico hará crítica de las ideas y de las actuaciones de los hombres, pero no entrará en terrenos que contribuyan a agriar más la vida pública puertorriqueña, ni en lo que concierne a los otros partidos ni en lo que concierne al grupo disidente.

"Por todos los medios de publicidad, el Liberalismo Auténtico propagará su doctrina, difundirá sus ideales y contribuirá a establecer costumbres de confraternidad cívica en la vida pública de nuestro país. En la actual etapa esas serán las actividades del Liberalismo Neto y Auténtico, y para ellas reclama la cooperación, no solamente de todos los liberales de buena fe, sea cual fuere su grupo, sino de todos los hombres de buena voluntad en Puerto Rico".

Entonces se abrió el fuego. *La Democracia* tenía reclutados varios hombres con gusto y benevolencia para cooperar con su Director en la mencionada campaña de difusión democrática.

Para esa época don José A. Gontán, quien había sido traído al periódico para darle vida y reorganizarlo, constantemente escribía candentes artículos, que aparecían firmados con el seudónimo de *T. A. Prieto*. Al mismo tiempo le pegaba el pecho a la Administración.

La Democracia estaba siendo muy solicitada. Gontán la remozó. Los editoriales de Muñoz Marín por un lado y, por otro, los artículos de fondo de *T. A. Prieto*, del licenciado J. M. Toro Nazario y de Carlos Román Benítez, entre otros; la columna *Off-the-Record* del compañero Nathaniel Soltero, que aparecía con el seudónimo de *Nathan Leonaire;* la de Rieckehoff Sampayo, titulada *Facetas Deportivas*, y las ediciones especiales que se habían empezado a dedicar a los pueblos de la Isla, en gran parte ideadas y dirigidas por el licenciado Ramos Antonini contribuyeron, siquiera por algunos meses, a salvar a *La Democracia* de una gran tormenta económica que había amenazado con destruirla.

Aquellas ediciones especiales tenían el doble propósito de allegar fondos para sostener al periódico —por medio de una bien organizada campaña de anuncios— y de dar a conocer anécdotas, leyendas, cuentos, incidentes, poemas folklóricos, danzas, comentarios, biografías de ilustres puertorriqueños, narraciones sobre tipos populares, historias y acontecimientos de cada uno de los 77 pueblos de Puerto Rico.

Para entusiasmar más a los numerosos lectores, que a la vez eran amantes de la radiodifusión, se organizaron algunos programas de radio. En uno de ellos, dedicado en una noche de abril de dicho año a la ciudad de Ponce, tomó parte el propio licenciado Ramos Antonini. De ese programa se me asignó la tarea de hacer un reportaje. Ramos Antonini ejecutó al piano, con toda maestría, en forma admirable, su vals *Lazos de Amor*.

También tuvo parte en ese proyecto don Tomás Clavell, Director de la Banda del Cuerpo de Bomberos de Ponce. Tocó maravillosamente el bombardino, instrumento que, desde hacía cuatro lustros, no había usado.

Además, en ese programa participaron el "Trío Segarra", la orquesta "Casino de Ponce" y una selección de artistas hecha por el señor Clavell. Estos artistas, en aquella noche de arte, pusieron todo su empeño en la ejecución de estos inspirados números musicales del compositor Juan Morel Campos: la danza *Maldito Amor* y la famosa pieza titulada *Aires del País*.

En aquella inolvidable noche de abril todo olía a *La Perla del Sur*.

Mientras unos colaboradores se dedicaban a hacer una "Campaña Histórico-Económico-Cultural" el líder y director —Muñoz Marín— no dejaba que la llama política se apagara. En el mismo mes de abril celebró un "plebiscito" sobre los medios de hacer la unión del liberalismo, consultando democráticamente a los 77 pueblos de nuestra Isla.

El primer voto perteneció al veterano de diversas batallas del liberalismo desde los tiempos de España: don Fulgencio Díaz, de 76 años de edad, natural de Río Grande y entonces residente en Santurce. Lo trajo él mismo a *La Democracia* con el fin de expresar su regocijo por la feliz iniciativa de nuestro Director de poner en manos del pueblo liberal, democráticamente, la decisión sobre la unión y las formas o los medios de lograrla.

Los dos líderes de prominencia del otro sector —Barceló y don José Ramírez Santibáñez— rápidamente comenzaron a enfilar sus baterías. *El Mundo* publicó sus manifestaciones. En éstas les daban un consejo a los liberales en el sentido de que, "ante la obcecada propaganda de alguien que demuestra un vivísimo interés personal en perturbarles con la absurda e infundada especie de que el Partido Liberal está hoy desunido y maltrecho", se mantuvieran serenos, ecuánimes y tolerantes.

Aquel plebiscito insufló más vida al periódico. Este se fue adueñando, poco a poco, de las simpatías del público. Y tanto fue progresando que, en junio de ese año, existió la necesidad de reorganizar el "Departamento de Anuncios y de Circulación". Se le encomendó la dirección del mismo a Jacobo Córdova Chirino, quien acababa de regresar a la Isla de un viaje por Cuba y Méjico. Mas, escritor al fin, lo primero que hizo fue reanudar en el vocero aquella sección que en tiempos pasados publicaba en *El Imparcial* y que bautizó con el título *Desde Mi Cofa*.

Allá para el mes de julio del mismo año, tal vez creyendo que las ideas de Muñoz Marín, al igual que el rotativo en que tan ardientemente las defendía, rodarían cuesta abajo, los adversarios políticos no les daban importancia a las frecuentes reuniones del liderato auténtico. Tampoco amusgaban las orejas al lanzarse a todos los vientos el fervoroso grito de "¡Unión!" No estaban en los ápices de lo que aquel liderato se proponía hacer ni se bebían los pensamientos del mismo.

Por otro lado, los "rebeldes" descartaron enérgicamente todas las posibilidades de unión.

Estando ya a punto de entrar la canícula todos los adversarios quedaron sorprendidos cuando, después de una prolongada reunión de aquel liderato en el Hotel Condado, —para hacer historia o recuento de las situaciones y de los hechos confrontados por el liberalismo auténtico—, se dio a la publicidad aquella comentada Resolución, cuya parte dispositiva decía de la siguiente manera:

"Considerando toda esta concatenación de hechos innegables, y en uso de la autoridad conferídale por la Junta Central del neto y auténtico Partido Liberal, y por la asamblea soberana de Arecibo, este Comité Ejecutivo declara y ordena:

"Primero: Que aprueba la intención sana de su presidente en todos sus esfuerzos, desde el principio hasta este momento, por la unión más compacta de todo el liberalismo;

"Segundo: Que la experiencia del pasado y la última negativa del señor Barceló a enfrentarse con el pueblo liberal, reconociendo sus derechos, rehusando siquiera considerar la posibilidad de unión, convencen a este Comité Ejecutivo de la inutilidad de hacer mayores esfuerzos en este sentido;

"Tercero: Que a pesar de esto, atendiendo al deseo de su presidente, autoriza una última tentativa de unión en la forma de una comunicación dirigida al señor Barceló, proponiéndole, por última vez, la unión con justicia para todos, y especificando que, si rehusare, deberá, por respeto a la voluntad popular del liberalismo, tantas veces expresada, hacer entrega del nombre, las insignias y los derechos del Partido Liberal a los hombres designados por la asamblea soberana de los comités que hicieron las elecciones y que fueron electos por el pueblo liberal, celebrada en Arecibo el día 27 de junio de 1937; y

"Cuarto: Que si el señor Barceló, en el término de ocho días después de la entrega de dicha comunicación, se negare a hacer la unión en forma justiciera y respetuosa de los ideales del partido y de la voluntad democrática del mismo, y se negare asimismo a hacer entrega del nombre, las insignias y los derechos del partido a los representantes de la voluntad popular del mismo, se proceda inmediatamente a llevar la consulta directamente al pueblo en asambleas populares celebradas a través de la Isla, por último en una magna asamblea insular representativa de las asambleas populares y de los comités que hicieron las elecciones y que fueron electos por el pueblo, sobre la necesidad de hacer una nueva inscripción de nuestro partido como la que se vio precisado a hacer en el 1932 cuando también le fueron usurpados sus derechos a la gran masa del pueblo liberal —para mantener la cohesión de la misma, evitar su disgregación en las filas del adversario, mantener la autoridad del pueblo sobre su propio destino, y asegurar los derechos de éste a concurrir a las urnas bajo los líderes que acatan su voluntad y a nombre de los ideales que firmemente sustenta".

Cumpliendo, pues, con el acuerdo del Comité Ejecutivo, el cinco de julio Muñoz Marín le dirigió una carta a Barceló extendiéndole una última invitación para que ayudara a la más compacta unión de todo el liberalismo. Pero exigiéndole, si Barceló rehusaba coadyuvar, que le traspasara el nombre, las insignias y los derechos del Partido Liberal.

Las cosas tomaron otro semblante.

Parece que aquella comunicación hizo que Barceló se subiera a las bovedillas, se quitara el candado de los labios y hablara en plata, pues no tardó un par de días en contestar. La carta que le escribió a Muñoz Marín fue la siguiente: "Mi joven compatriota:

"Acuso recibo de su carta de julio 5, que usted firma poniendo al calce sonoros títulos que no comprendo y a los cuales se propone renunciar en plazo breve, según se advierte del texto mismo de su escrito de referencia.

"Como está usted de paso por sus títulos y no alberga con respecto a ellos intenciones de permanencia, no perderé tiempo en el examen y análisis de los mismos e iré inmediatamente al fondo de su carta, que, por lo que veo, se gasta arrogancias e imperiosidades de improrrogable 'ultimátum'.

"En nombre de un Comité Ejecutivo, —tal vez el mismo que en días recientes corrió desasosegado, según decir de la Prensa diaria, de Arecibo a Mayagüez y de Mayagüez a San Juan, en busca y captura de su elusivo Presidente—, usted me invita, señor Muñoz Marín, a que coadyuve a la "unión cordial de todo el liberalismo', y me exige, en caso de una negativa de mi parte, que traspase a usted 'el nombre, las insignias y los derechos del Partido Liberal Puertorriqueño'.

"Su invitación para que yo coadyuve a la unión del liberalismo no tiene razón de ser. Sobre este punto no quiero extenderme ahora y lo dejo para ser tratado más adelante. En lo que a su exigencia de traspaso respecta, le diré con toda franqueza, mi joven compatriota, que la petición que ella encarna es la más ambiciosa que jamás haya sido formulada por persona alguna bajo el sol calcinante de esta tierra borincana. Sin duda de ningún género, debe estar acostumbrado usted a que se lo den todo con sólo pedirlo, y de ahí su formidable optimismo en el pedir.

"De haber sido dirigida su carta a Antonio R. Barceló, en su carácter de Presidente del Partido Liberal, o de haberla dirigido usted al partido mismo, un elemental espíritu de disciplina me hubiera compelido a someterla a la deliberación de mis compañeros de la Junta Central; y, de ese modo, la disyuntiva que dicho escrito plantea hubiera recibido una respuesta formal y adecuada al supremo organismo de la colectividad política a que pertenezco con orgullo. Pero tal como viene su carta, dirigida escuetamente a la persona de este humilde servidor suyo y firmada por un titulado Presidente de un llamado Partido Liberal neto, auténtico, completo y con no sé qué otra floración de ese estado de ánimo que los psicólogos denominan 'complejo de inferioridad', ella pierde por entero el valor político que usted pretende impartirle y pasará a la historia —si la historia se ocupa de simplezas— como la epístola de un hombre ensoberbecido a un hombre estupefacto.

"Volviendo al tópico de la unión del liberalismo, repito que la invitación que usted me hace no tiene razón de ser, y añado que es innecesaria. El pueblo liberal está hoy, y ha estado siempre, compacto e indisolublemente unido. Nada de carácter fundamental ha ocurrido en el seno de nuestra colectividad que justifique un estado de desunión. Cierto es que en los últimos meses que precedieron a las elecciones de 1936, y por algún tiempo después, el liberalismo afrontó una honda crisis, sufrió la existencia de partidos dentro del partido y vivió días de intensa perturbación. De esa crisis y esa perturbación, originadas y fomentadas por usted, el partido se ha ido reponiendo gradualmente y hoy marcha al porvenir por los caminos serenos de una restaurada normalidad. Muchos de los hombres de significación que usted soliviantó contra nosotros, con prédicas falsas y falaces argumentos, ocupan de nuevo el puesto de acción y de combate que siempre ocuparon con honor. Otros, los menos, detenidos aún por consideraciones del amor propio que comprometieron al seguirle a usted en pueriles aventuras, se mantienen alejados de nosotros, llena el alma de desorientación y perplejos ante el ídolo derruido, en cuyo barro efímero creyeron advertir en otro tiempo reflejos de prepotente personalidad. Del fondo de mi ser surge un movimiento de simpatía y de disculpa hacia esos hombres. Yo, como ellos, me equivoqué también, y fui el primero en equivocarme. También fui el primero en contemplar la desconcertante realidad. La luz que a mí vino, la quiero para ellos. El partido les necesita y les espera. Nada le impide a esos antiguos y gloriosos capitanes confundirse nuevamente con nosotros en un abrazo fraternal. En el hogar liberal su prestigio está intacto; sus armas, entrelazadas con las nuestras, aguardan futuras batallas cívicas en la panoplia común. Tengo fe absoluta en el patriotismo de esos hombres y en su inquebrantable consecuencia liberal.

"En cuanto a usted, señor Muñoz Marín, quedo enterado por su carta de que se propone fundar un partido nuevo. Usted trató de destruir uno que no fue hecho por usted y que resultó indestructible, y justo es que, ahora, por primera vez, se empeñe en una obra de creación. Exito le deseo. Ser director de un partido envuelve una seria responsabilidad. No es juego de niños. Dele a ese partido nuevo, cuyo germen late en su giróvaga imaginación, lealtad inquebrantable, devoción a toda prueba, sacrificios sin tasa, perseverancia intensa, labor sin descanso, respeto profundo a las decisiones de sus asambleas y demás cuerpos deliberantes, ejemplo supremo de disciplina y de intachable conducta pública y privada. No lo desbarate un día para ver lo que tiene por dentro. No lo someta a fórmulas cabalísticas y a martingalas de taumaturgo cuando la ansiada hora del triunfo electoral se acerque. No destruya la fe y la moral de sus soldados en el momento decisivo del combate. No los entregue inermes al adversario, apresados, a última hora, en la red de malla de un absurdo e inesperado 'retraimiento'.

No lo someta nunca a la fantástica prueba de los cupones que usted puso en práctica recientemente. Edifíquese, por el contrario, en el ejemplo de su padre, Luis Muñoz Rivera, jamás comprendido por usted. Sea un hombre nuevo para un partido nuevo. Y si el lauro del triunfo vuelve a engala-

nar su sien, yo seré el primero en alegrarme, tal vez desde el fondo de una tumba olvidada y fría, y acá en el mundo, o en las regiones de ultratumba, mis labios fervorosos de liberal antiguo, de liberal moderno, de viejo federal y de viejo unionista, musitarán un rezo: 'En el nombre del Padre, del Hijo y del Espíritu Santo, Amén'.
"Atentamente suyo,
Antonio R. Barceló".

NACIMIENTO DEL PARTIDO POPULAR

Parece que la carta de Barceló a Muñoz Marín selló la desaparición del Partido Liberal.

Se desvanecieron las esperanzas de unir a los dos sectores en discordia. Entre las huestes liberales prevaleció una gran indecisión. El Partido se "partió" en dos. ¡Y de qué manera!

Como no se debía dejar transcurrir un minuto más ni se podía estar al vado o a la puente, y ya no había sol en las bardas ni quedaba un solo "cartucho que quemar" para convencer a los "rebeldes"; y como se estaba perdiendo un tiempo precioso que debía aprovecharse para hacer luz en la mente de los puertorriqueños, Muñoz Marín y sus amigos pusieron rápidamente en ejecución la idea de crear un instrumento de lucha que fuera la base de una nueva política.

Tendría que ser un curso de acción distinto de lo que era conocido, tanto en lo concerniente al establecimiento de un programa de gobierno que tendiera a mejorar los niveles de vida y de trabajo de los puertorriqueños como en lo tocante al honrado funcionamiento de la administración pública.

La intención era establecer una colectividad que cayera bien a los ojos del pueblo. Una agrupación que se distinguiera de las demás. Un partido político que, valientemente, le hiciera frente al tremendo problema del explotado pueblo de Puerto Rico para tratar de resolverlo con sinceridad. Una nueva entidad política que fuera capaz de ganarse inmediatamente la confianza de los compatriotas.

Muchos líderes sugirieron nombres para el nuevo partido. El propio Muñoz Marín hizo entrar en el ánimo de varios líderes la opinión que insinuaba un nombre compuesto que incluía la palabra "Social", pero dos o tres de dichos líderes, que eran abogados de mucha experiencia, le hicieron desistir de la idea. Ya estaba oficialmente inscrito el Partido Socialista y el vocablo "Social" y su uso confundirían al electorado y eran ilegales.

El nombre que más agradó al liderato auténtico fue el de "Popular", y tengo entendido que las dos primeras personas en insinuarlo fueron el licenciado Armando A. Miranda y el periodista Antonio Pacheco Padró.

Entonces, el doctor Francisco M. Susoni, el licenciado Quiñones y el señor Muñoz Marín, en quienes una directiva interina había delegado para tomar la decisión de darle un nombre al indicado nuevo instrumento de lucha, se reunieron en *La Democracia* y acordaron ponerle el nombre de "Partido Popular".

Tan pronto se llegó a esa decisión, Muñoz Marín comenzó a identificar al nuevo organismo como "El Partido de los Pobres".

Muñoz Marín, quien hacía muchos días que estaba pensando en la insignia que debía tener la nueva agrupación política se ideó la de "la pava": la cara del sufrido campesino puertorriqueño con el sombrero típico de nuestras montañas, el cual tenía un ala levantada al frente y la otra caída hacia atrás, y rodeada de estas tres simbólicas palabras: *PAN — TIERRA — LIBERTAD*.

La imagen o percepción de esa insignia tenía que comunicársele a una persona de entera confianza, que la mantuviera bajo reserva, con objeto de que la dibujara y la pintara con toda rapidez. Y nuestro jefe encontró a esa persona en el doctor Antonio J. Colorado, catedrático de la Universidad de Puerto Rico.

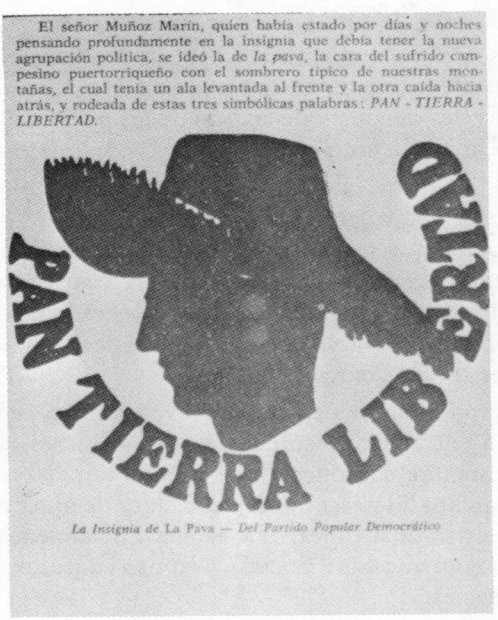

La Insignia de La Pava — Del Partido Popular Democrático

Inmediatamente, dentro del mayor secreto, en los talleres de *La Democracia* se comenzó a trabajar de día y de noche, sin cesar, en la impresión de las peticiones de inscripción del *Partido Popular*.

Gontán, quien había hecho una reorganización en el vocero, ordenó construir una oficina para la Redacción entre el primer piso y el segundo. Este último se dejó libre, y fue utilizado entonces exclusivamente para instalar las oficinas del Partido.

Al principio, y atendiendo esas oficinas, durante la impresión y corrección de peticiones, únicamente estábamos tres personas: Emilio S. Maldonado, Domingo Guasch y este autor.

Maldonado se esmeraba en la corrección de las papeletas a fin de que no fueran anuladas por la Secretaría Ejecutiva de Puerto Rico. Guasch —quien estaba prestando toda su cooperación, desinteresadamente, a la causa que defendían Muñoz Marín y sus amigos desde el día 2 de marzo de 1938, que fue la fecha en que principió a visitar a *La Democracia*— se echaba al hombro unos cuantos paquetes de papeletas y salía disparado de las oficinas del Partido con rumbo a la Secretaría Ejecutiva. Y este autor, en el ínterin, martilleaba incesantemente las teclas de la máquina de escribir y atendía al liderato y a los simpatizadores de San Juan y de la Isla que ya se habían interesado en la inscripción de nuestra colectividad.

Justo es que dé a conocer que tanto Maldonado como Guasch siempre laboraron tesoneramente. Creo que los primeros latidos de sus corazones, en ese tiempo, se los dieron al Partido Popular. Pusieron toda su alma en el triunfo de aquella empresa. Maldonado trabajó mucho tiempo sin cobrar, y Guasch dio todo lo que tenía por tal de que la idea que tan brillantemente había germinado en el cerebro de nuestro jefe no dejara de ponerse en práctica. En realidad lucharon como titanes en medio de una gran pobreza y una gran desesperación.

Por fin, pocos días después, —el 22 de julio de 1938—, luego de una tremenda labor mantenida en secreto por el liderato del nuevo partido, por los empleados del Taller y de la Redacción del periódico, y por los otros empleados de Muñoz Marín en las oficinas del Partido Popular, éste quedó oficialmente inscrito en los pueblos de Luquillo y Barranquitas.

El compañero Carlos Guzmán, quien alternaba en los trabajos de redactor y compaginador, puso sumo cuidado en la confección del siguiente titular, que apareció publicado en *La Democracia* del 23 de julio:

"Pan, Tierra y Libertad, los postulados del Partido Popular
 inscrito ayer en los pueblos de Barranquitas y Luquillo".

Los subtítulos decían así:

"Dentro del mayor entusiasmo se llevó a cabo la inscripción del nuevo partido en Luquillo. Al mediodía ya se había cubierto la cuota necesaria para la inscripción local del mismo.

"En Barranquitas se inició la inscripción en la mañana de ayer, y en las primeras horas de la tarde ya se había cubierto el margen de inscripción.

"Al igual que en Barranquitas, Luquillo sobrepasó en muchas papeletas a lo exigido por la ley para la indicada inscripcción".

Así, pues, ocurrió el nacimiento del Partido Popular.

Luego, para asegurar el "apellido" de *Democrático* que le agradaba a Muñoz Marín, se ordenó inscribir en Culebra el Partido Democrático del Nuevo Trato. Todo el peso de la inscripción cayó en los señores Elmer M. Ellsworth —un buen americano con alma de puertorriqueño— y Jesús T. Piñero: prototipo de la fidelidad y la sencillez, la nobleza y el cariño, la inclinación al trabajo y la honradez, y la humildad y la discreción.

Después se realizó la "fusión", y desde entonces el verdadero nombre de la naciente agrupación política fue el de *Partido Popular Democrático*.

CON EL PECHO, CON EL ALMA, SIN DINERO

Las fuerzas políticas contrarias no le dieron mucha importancia a la nueva colectividad. La Coalición se creía segura en su poderío. Los líderes republicanos y socialistas se despreocuparon del Partido Popular Democrático. Abrigaban la esperanza de aplastarlo al nacer. Creo que lo mismo pensaban los líderes liberales. Todos ellos daban a entender que tenían la completa seguridad de que el Partido de Muñoz Marín desaparecería en las urnas en 1940.

Entre el 22 de julio de 1938 —fecha en que nació el Partido Popular— y el 5 de noviembre de 1940 —día en que se celebrarían en Puerto Rico las próximas elecciones generales— solamente había 837 días. Ese era un período de tiempo relativamente breve para hacer una campaña intensa, bien planeada, inteligente, enderezada a destruir la confianza que entonces el pueblo tenía en la Coalición —que estaba en el poder desde hacía muchos años— y a hacer que ese mismo pueblo creyera ciegamente en la prédica de los líderes de la nueva agrupación política y, con especialidad, en la palabra sencilla, clara y convincente de Muñoz Marín.

No obstante, la trayectoria del Partido Popular Democrático iba camino del cielo. Ascendía con bastante velocidad.
Al Partido no había quien lo detuviera. Parecía cosa de Dios. Quizá por ello estaba rodeado de un profundo misterio.
En la noche de la conciencia del pueblo era como una estrella que iluminaba el camino de su felicidad. Era como rayo divino, con resplandor de terciopelo, con moderados reflejos, que vertiginosamente cruzaba las tinieblas del pensamiento para despertarlo y traerlo a la luz. Era como un soplo de vida que brisas providenciales empujaban hacia el entendimiento de nuestros compatriotas para hacerles olvidar un pasado tenebroso y situarlos en disposición de ponerse frente a frente al porvenir. Era como una esperanza prendida en el pecho de los sufridos puertorriqueños para que éstos, amorosamente, se agarraran a ella y siguieran por la vida con abnegación y fe.
Poco tiempo después, y dándose cuenta de que había que trabajar bastante si se deseaba hacer triunfar, en sólo 837 días, la feliz idea que culminó en la inscripción de su Partido, Muñoz Marín se empeñó en una tremenda campaña de mítines a través de toda la Isla. Y a todo esto, ¡él no tenía veinte reales para enviarle una carta a un líder amigo en cada uno de los 77 pueblos de Puerto Rico, anunciándole el principio de la campaña y el día y hora de su próxima visita! Y si, por casualidad, algún simpatizante regalaba los 77 sellos de correo —de a tres centavos cada uno— que se necesitaban para ese propósito, aún quedaba otro problema que solucionar: el de la gasolina que consumiría el Ford gris-verde, de cuatro puertas, tablillas número 7151.

El Partido Popular Democrático se hizo con el pecho, con el alma, sin dinero, a fuerza de lágrimas y miserias, de privaciones y suspiros. El único respaldo que tenía era el de la fe inquebrantable de unos pocos hombres y mujeres que dieron lo mejor de sus espíritus para llevar al triunfo la digna causa que lo inspiraba.
La verdadera íntima historia de cómo el Partido Popular empezó a funcionar, sin respaldo económico, la conocen muy contadas personas a través de todo Puerto Rico. Algunos individuos la conocen superficialmente. Muchos se la imaginan. Otras personas conservan un vago recuerdo. Pero muy pocas la vivieron, en la gran desnudez de su trágico, profundo y doloroso realismo, como la vivimos Muñoz Marín, Virgilio, Erasmo y este autor:
Acostándonos a veces, después de un día muy agitado, habiendo solamente probado algún jugo o alguna taza de café;
Mendigando en otras ocasiones siquiera un galón de gasolina para poder llegar a tiempo en el desconcertado automóvil a algunos sitios en donde unos esperanzados campesinos aguardaban a Muñoz Marín

para que éste, con irrefutables argumentos y en el modo bien claro y sencillo que él solo sabía hacerlo, los sacara de sus errores y los guiara por el sendero de su mejoramiento y de su bienestar;

Durmiendo, en otras ocasiones, en el incómodo carruaje que unas veces nos servía de "hotel" y otras de "oficina ambulante", después de numerosas horas de ajetreo: Erasmo o Virgilio, de acuerdo con el turno de trabajo que tuvieran, encorvado sobre el volante; Muñoz Marín medio acurrucado en el asiento posterior, formando su cuerpo de gigante la figura del número 2; y este autor recostado sobre la puerta delantera derecha. Los tres hacíamos esfuerzos con el fin de conciliar un sueño que el hambre no dejaba posarse tranquilamente en nuestras cansadas pupilas.

Otras veces, debido a las continuas noches perdidas, el chófer tenía que detener la marcha del histórico vehículo porque era acosado fuertemente por este terrible trío de fantasmas: el hambre, el agotamiento físico y el sueño.

En cuanto a este secretario-taquígrafo, en varias ocasiones rechacé de plano las ofertas de magníficas colocaciones que, insistentemente, me hacía el amigo Armando Chaar, quien estaba adscrito al Servicio de Empleos del Departamento del Trabajo en San Juan. Más o menos todavía recuerdo las frases aquéllas que él, delante del compañero Virgilio Rodríguez y en las propias oficinas del Partido Popular, me dijo:

—Aquí estás destrozando tu vida. No me explico por qué también declinas la proposición que acabo de hacerte para trabajar en una institución progresista por seguir aquí, en donde trabajas como un buey y en donde pasan los meses y no cobras.

Más o menos le manifesté lo siguiente:

—No sabes cuánto agradezco el interés que te has tomado por hacerme feliz; pero, como fiel marinero, no debo abandonar a un barco en desgracia, que está a punto de irse a pique. Tengo hecho un compromiso conmigo mismo de seguir trabajando con don Luis, no importan los sufrimientos que pase, hasta que el Partido triunfe arrolladoramente. Cuando ese día llegue, no le harán falta mis humildes servicios, y entonces me podré retirar. Pero hacerlo ahora sería cometer un acto traicionero, y mis padres no me enseñaron a traicionar.

¡Qué tiempos aquéllos! Su recuerdo solamente se borrará cuando la inquebrantable fuerza del destino —si es que éste existe— se lleve el postrer aliento de nuestras vidas.

Cuando empezó a arreciar la campaña ya se me hacía difícil bregar con tanto trabajo de oficina. Por muchos meses llevé la carga solo. Al notarlo Muñoz Marín, fue poco a poco dando autorización para utilizar a otros empleados. El confiaba en que el Comité de Hacienda del Partido, cuyo presidente era el doctor Antonio Fernós Isern y su tesorero el licenciado Rafael Buscaglia, buscara los medios de allegar fondos y les pagara.

El referido Comité hacía sus diligencias. Como algunos simpatizadores creían que era muy temprano aún para arrimar su sardina a la candela esas diligencias casi siempre culminaban en un completo fracaso. Y, por ese motivo, estos otros compañeros de trabajo también pasaron las de Caín durante aquellos largos meses de gran miseria:

Rafaela Rojas de Caloca, con todo afecto llamada *Rafin;* Encarnación Ramírez, a quien le decíamos *Encarnita;* las hermanas Carmen Belén y Margarita Díaz, Monsita Amorós, Lucila Mercado; Carmen Lydia Vélez, conocida por *Mora;* Sarah Atiles, Rosa Haydée Sánchez.

Y Antonio F. García, José Barreto Pérez, Víctor Manuel Cordero y Benito de Jesús.

A todos se nos había "asignado" un sueldo semanal. Sin embargo, para "cobrarlo", teníamos que bañarnos con agua de rosas o establecer, por turno, una estrecha vigilancia frente al edificio del "Chase National Bank", en la calle Tetuán, de San Juan, para poder acorralar al tesorero Buscaglia. Este mantenía sus oficinas de abogado en la planta alta de dicho edificio.

Muchas veces Cordero, nuestro ágil y decidido oficinista-mensajero, puso en riesgo su vida al subirse a los estribos del automóvil del licenciado Buscaglia, mientras el vehículo estaba en marcha, y no querer bajarse hasta obtener siquiera una "promesa" del Tesorero en el sentido de que lo visitáramos más tarde en sus oficinas. La idea era revisar la correspondencia y ver si recibía algún dinero de líderes de la Isla con el fin de repartírnoslo, como quien dice: "a la garata".

Creo que cuando el licenciado Buscaglia llegaba a ver a Cordero decía para sus adentros: ¡Me llevó pateta! Hasta cierto punto, si así pensaba, estaba más que justificado, porque nuestro nervioso compañero lo tenía loco, no le perdía pies ni pisada, lo tenía en pampa y le era un verdadero quebradero de cabeza.

Para esa inolvidable época estaba dirigiendo las oficinas del Partido Popular la dinámica Josefina Rincón, conocida por *Finí.* Era hermana de la líder Felisa Rincón: esposa del licenciado Jenaro A. Gautier, quien era uno de los secretarios generales del Partido.

Cuando *Finí* tuvo necesidad de dejar la dirección de dichas oficinas fue a ocupar su puesto uno de los hombres más duchos en política: el otro Secretario General: don Yldefonso Solá Morales, cariñosamente llamado *Don Fonsito*. Su principal virtud, según mi modo de pensar, consistió en observar mucho y hablar poco. Muñoz Marín tuvo siempre en él una fe ciega, una confianza sin límites.

Ildefonso Solá Morales

EL SIGNIFICADO DEL VOTO Y SU VENTA

Falleció el turbulento año de 1938 y le dejó al sucesor, para que la cuidara bien, una revoltosa criatura de 163 días: la del Partido de *la pava*.

En el 1939 Muñoz Marín concentró toda su atención, su fuerza magnética, su carisma y todo su interés en la campaña entre los campesinos de Puerto Rico. Estos constituían las dos terceras partes de los habitantes de esta Isla.

El tiempo volaba y no se podía llevar el evangelio popular a todas las ciudades. En éstas, por lo general, los moradores leían periódicos y escuchaban la propaganda de la radio. Pero era urgente, imprescindible y necesario sacudir el cerebro de los sinceros hijos de nuestras montañas, aclararles el entendimiento y llenarlos de luz. Los adelantos de la civilización apenas se habían adentrado en los pobres bohíos de nuestros barrios y, por ese motivo, se puso un interés especial en la difusión de los ideales del Partido Popular entre los campesinos.

Comenzó la campaña de pequeños mítines, a manera de amigables conversaciones: en el batey de una casa, a la orilla de una carretera o de un camino vecinal, sobre el estribo del automóvil, a la sombra de los árboles, sobre un carro de bueyes o sobre piedras grandes o montes peñascosos. La tribuna se desconocía.

Los moradores del campo, quienes siempre han tenido una inteligencia natural, poco a poco fueron entendiendo la palabra sencilla y fácil de comprender de Muñoz Marín. Ni el agua cristalina era más clara.

El nunca les hablaba del despuntar de la aurora, las menudas gotas mañaneras esparcidas sobre la tierra, del cenit, la puesta del Sol, del plenilunio, las galaxias, del crepúsculo matutino o vespertino, las maravillas del mundo, los incontables cuerpos que iluminan la bóveda celeste, la fragancia de las flores, los cánticos de Moisés, del trinar de las aves, del sombrío bosque; la inspiración de escritores, oradores o artistas ni del horizonte ni de las rumorosas olas del mar. Pero sí les hablaba, sencilla y claramente, de la insoportable situación económica qué ellos y sus seres queridos estaban pasando, de que había que libertarse de la esclavitud de la ignorancia, del tremendo valor del voto en un país democrático como Puerto Rico, de la explotación a que los sometían los hacendados o dueños de centrales y del hambre que se acurrucaba, como una serpiente, en los macilentos estómagos de ellos y de sus hijos.

En numerosas ocasiones nuestro jefe solicitó de Pedro Juan Dumont —un conocido líder obrero y ardiente orador— que lo acompañara en los viajes a la Isla. Y Dumont empezó a regar, en el surco de la mente de nuestros campesinos, la semilla que tan buenos frutos dio muy poco tiempo después.

El jefe máximo del Partido Popular fue entonces enseñando el significado y el valor del voto, y fue diciéndoles y repitiéndoles constantemente a los campesinos lo que a continuación expreso:

Que: El día de las elecciones no era un día de fiesta para

emborracharse, perder la cabeza y vender el voto por unos miserables dólares.

Ese era el día más grande de trabajo, porque era el único, en cuatro años, en que podían laborar por el propio beneficio de ellos y por el de sus familiares.

Ese día había que llegar a las urnas venciendo todas las dificultades.

En una democracia la fuerza del pueblo estaba en sus votos libres y limpios.

Los votos hacían el Gobierno.

Si éste se hacía con votos comprados, naturalmente pertenecería a las personas o entidades que dieron el dinero para efectuar la compra de votos.

Si se hacía con los votos libres y limpios del pueblo, entonces también era natural que el Gobierno le pertenecía a ese mismo pueblo.

Si se hacía con votos comprados el Gobierno tendría que hacer las leyes al capricho y antojo de las personas o entidades que dieron el dinero para comprar los votos.

Si se hacía con los votos libres y honrados, entonces el Gobierno tendría la obligación de hacer las leyes en la forma que al pueblo fuera más beneficiosa.

El voto era como un arma para defenderse.

El que vendiera el voto era como si entregara su machete en medio de una gran pelea, como si entregara su revólver al ladrón que le va a robar a su hogar.

Era obligación de cada elector —para con él, sus hijos y sus propios compañeros— ir a depositar su voto el día de las elecciones sin importarles la lluvia o el fango, en automóvil, a caballo o a pie; con ropa limpia o manchada; con zapatos o descalzos.

Ese día había que hacer cualquier sacrificio.

Este sería recompensado por un mayor respeto y por una mayor justicia para todo el pueblo en los restantes días del año y en todos los demás años en que esté en el poder un gobierno que pertenezca al pueblo en vez de pertenecer a sus explotadores.

Vender el voto era una vergüenza y una deshonra.

El que vendiera su voto debía recibir el desprecio eterno de sus compañeros de trabajo y merecía que nadie en el barrio le hablara una sola palabra hasta que se muriera de vergüenza "y enterraran sus huesos indignos debajo de la tierra".

El que vendiera su voto era capaz de vender a la propia madre que le dio el ser y a sus propios hijos.

Al que se atreviera a ir al barrio a ofrecer dinero para comprar votos que lo sacaran "a patadas" de allí, porque era uno de los enemigos del pueblo.

Había que seguir el lema de "vergüenza contra dinero".

Todo el mundo estuviera siempre alerta para no dejarse envolver en chismes, en peleas de pequeños líderes, en cuestiones de grupo o de ambiciones personales que nada tenían que ver con el interés de los puertorriqueños en la santa obra de su justicia y su bienestar por todo el resto de sus días.

Nadie se dejara comprar con el fin de hacer la cruz debajo de las insignias de otros partidos reaccionarios ni se dejara acorralar como una bestia; ni se dejara llevar por favores recibidos, pues un favor se podía pagar luego con otro favor.

Solamente se debía hacer una cruz, pero debajo de la insignia de *la pava*.

El pueblo nunca había ganado unas elecciones.

Los que siempre ganaban eran los explotadores del pueblo, los que daban el dinero para comprar los votos.

Los votos que el pueblo diera a favor del Partido Popular Democrático no se contarían ni utilizarían, en forma alguna, como votos a favor de la independencia, de la estadidad o de cualquier otra forma de *status* político definitivo.

El pueblo siempre había votado por otros partidos sin nunca obtener beneficio.

Hicieran la prueba votando una sola vez por el Partido Popular Democrático y, si éste cumplía lo que ofrecía, que siguieran votando por él, y, si no cumplía, que lo quitaran del poder y lo echaran "al zafacón de los desperdicios" como un objeto cualquiera sin valor, sin utilidad; como una cosa podrida que no sirve.

EL "CATECISMO DEL PUEBLO" Y "EL BATEY"

Lo anteriormente transcrito constituyó un claro mensaje de Muñoz Marín al campesinado puertorriqueño. Sus sencillas y claras palabras, que yo tomé taquigráficamente, eran como un martillo que constantemente golpeaban los oídos de nuestros honrados y sinceros jíbaros. En los mensajes podía poner cátedra.

Esa fue la franca prédica del incansable líder. Esos fueron sus argumentos contundentes. Y ¿qué ocurrió?

Los campesinos empezaron a creer, pensar y entender. Muchos de ellos también comenzaron a predicar el nuevo evangelio popular en los bohíos, talleres, bailes, cañaverales, cafetines, bautismos, entierros y velorios. Otros hacían patente y diáfano el mensaje llevándolo a las talas, fábricas, carreteras, plazas, haciendas y parrandas, tal como les había aconsejado el estimado líder en que ellos pusieron toda su fe.

La semilla fue cayendo en buenos surcos, y fue creciendo poco a poco sin apenas ser notada por los líderes adversarios.

Innumerables campesinos fueron leyendo y estudiando el *Catecismo del Pueblo* —un librito de propaganda que me dictó Muñoz Marín para repartirse gratuitamente por toda la Isla conteniendo numerosas preguntas y contestaciones relacionadas con la verdadera situación política, económica y social del pueblo de Puerto Rico. Los que carecían de instrucción elemental demandaban a sus hijos —estudiantes— que dieran lectura a lo impreso, y éstos lo hacían solícitamente.

También los habitantes del campo fueron leyendo y entendiendo *El Batey* —periódico especialmente escrito por el referido líder para el campesino. Todos sus artículos los tomé en taquigrafía y de las pruebas de galera yo fui el corrector. Muñoz Marín y yo, medio en broma y medio en serio, formalizamos un compromiso raro: yo tenía que entregarle las pruebas corregidas para él revisarlas y, por cada error que él encontrara, yo tenía (¿de dónde?) que pagarle veinticinco centavos.

En ese periódico se explicaba, en un lenguaje tan sencillo que hasta un niño de primer grado fácilmente lo podía comprender, lo que era el Partido Popular Democrático y para qué le servía al pueblo; lo que significaba el *status* político —la independencia, la estadidad o cualquier otra forma de gobierno—; qué clase de programa social y económico empezaría a desarrollar el Partido a base de los votos libres y limpios del pueblo, y qué dos fines principales perseguía el indicado programa: distribuir con mayor justicia, a virtud de una legislación inteligente, la riqueza que la Isla produce, y a realizar todo lo humanamente posible por aumentar la producción de riqueza.

Además se explicaba en *El Batey* lo que significaba el voto y su venta, y lo que el Partido Popular se proponía ejecutar si el pueblo lo llevaba al poder.

LEYES FUNDAMENTALES

En la campaña de tribuna, prensa y radio, que fue sistemática, implacable, contundente y continua, se ofreció a los puertorriqueños, si éstos le daban mayoría al Partido Popular en la Legislatura, aprobar unas cuantas leyes fundamentales que fueran beneficiosas para ellos y sus familiares.

Entonces se habló de la Ley de Tierras (para evitar que las corporaciones acapararan las tierras laborables del país y que infinidad de compatriotas quedaran apresados en las siniestras redes de un monopolio estrangulador que pugnaba por convertirlos en esclavos de las grandes centrales azucareras; y tomar todas las medidas que fueran necesarias para repartir la tierra y sus beneficios, a fin de que llegara el día en que no hubiera un solo "agregado" en todo Puerto Rico).

También se prometió aprobar legislación para hacerles justicia a los maestros, policías y chóferes, y para dar sostenimiento a los desempleados y desvalidos. Además, el Partido se obligó a hacer leyes beneficiosas a los inquilinos, viudas, ancianos y a los dueños de propiedades valoradas en menos de mil dólares.

Se le habló al pueblo de la aplicación de una buena Ley de Salario Mínimo: para que la proporción de la riqueza que, en forma de salario, llegue a manos del pueblo sufrido, sea en todo tiempo lo más justa posible. Desde luego, eso sería según las condiciones de la producción. También el fin adicional de esa legislación es para que un trabajador gane más dinero todos los años, de manera que pueda alimentarse mejor y alargar su vida y la de sus seres más íntimos.

Asimismo, entre otros compromisos, se habló de la continuación del desarrollo de industrias por medio de la Compañía de Fomento y del Banco de Fomento.

El siguiente fue el cuadro que los puertorriqueños tenían ante la vista:

Primero: la solicitud de Muñoz Marín a cada elector para que, en noviembre 5 de 1940, le diera un voto al Partido Popular Democrático.

Segundo: La concesión de dicha solicitud. Y

Tercero: La paciente espera, por parte del pueblo, del cumplimiento de la palabra que el máximo líder le había empeñado.

Como había por el medio una gran creencia y una excesiva confianza —Muñoz Marín tenía fe en el pueblo y éste confiaba en su líder—, los más allegados a éste aguardábamos, serenos y confiados, la fecha de aquel 5 de noviembre con el fin de comenzar a recoger los frutos de la semilla que, a fuerza de tantos sufrimientos, se arrojó y desparramó en los fértiles surcos de miles de conciencias puertorriqueñas.

Durante la intensa campaña Muñoz Marín me dictó diversos discursos: unos para transmitirlos por la radio y otros para pronunciarlos, en cada día 17 de julio, ante la tumba de su insigne progenitor —Muñoz Rivera— en Barranquitas.

Todos ellos me causaron profunda emoción.

No obstante, del discurso que más he conservado un vivo recuerdo ha sido del primero que me dictó, entre unos tragos de cerveza y el humo de unos cuantos cigarrillos, en la residencia que los esposos José Fidalgo Díaz y Belén Colom tenían en el pueblo de Carolina.

Allí, en la sala de aquella residencia, comencé a recibir los primeros chispazos del portentoso cerebro de Muñoz Marín, a meditar en las ideas de su genio creador, a percibir los prístinos destellos de su mente luminosa y los estremecimientos de su divina inspiración.

Allí comencé a asistir a una nueva escuela, a conocer a un hombre noble, a comprender la sicología de un ser privilegiado.

Allí empecé a:

(1) Abarrotarme de secretos.
(2) Aprender unas cuantas lecciones que me han servido de mucho en mi paso por la vida.
(3) Observar a un verdadero maestro.
(4) Encariñarme con él.
(5) Identificarme con la sagrada causa que defendía.
(6) Sentir profundo afecto por él.
(7) Respetarlo.

Y a tal punto llegó la simpatía que sentí por Muñoz Marín, y a tal extremo arribó el cariño que le tomé, que acá —en el sitio donde se engendran los más puros y nobles sentimientos, y los más fuertes y rítmicos latidos— le consideraba no como a un jefe o como a un maestro, sino como a un verdadero padre.

¡Por algo lo seguí fielmente, día y noche, por toda la Isla durante aquel largo tiempo de su terrible vía crucis!

ANECDOTAS

Se cuenta que una tarde, durante esa campaña, Muñoz Marín y su chófer Erasmo habían salido de Ponce con rumbo a San Juan. Al llegar al barrio Dajao, de Bayamón, el automóvil se apagó al quedarse sin gasolina. Entonces Muñoz Marín le preguntó a su chofer:

—¿Cuánto dinero tienes encima?

—Diecisiete centavos —respondió Erasmo.
—Pues yo tengo nueve —dijo Muñoz Marín—. Dan para comprar un galón de gasolina para seguir caminando hasta que el automóvil se pare.

En otra ocasión las cosas cambiaron de aspecto. Fue una noche yendo de San Juan para Arecibo. Cuando llegó a Vega Alta el *Ford* se detuvo. Le hacía falta el combustible. El líder no tenía un centavo; el chófer tampoco.

Hubo un momento de silencio.

De pronto, Erasmo le manifestó a Muñoz Marín:

—Yo me voy a ir por un garaje cualquiera a ver si nos fían un galón de gasolina.

Unió el hecho a la palabra.

Visitó un garaje y, creyendo que mencionando el nombre de su jefe iba a conseguir la gasolina, así lo hizo; pero sufrió una tremenda decepción.

El dueño del puesto de gasolina francamente le dijo:

—Si fuera para usted, se la fiaría; pero, para don Luis, ¡NO!

Erasmo le contó el chasco al jefe, pero al mismo tiempo, indignado, le expresó:

—Como yo sé que usted es un hombre honrado y cumplidor, estas cosas a mí me dan mucha vergüenza. Usted sabe que yo tengo la sangre caliente. ¡Lo que voy a hacer es a pegarle fuego a ese garaje!

—¡NO! —manifetó el líder. No es necesario hacer eso. Lo que tenemos que hacer es amanecernos aquí.

El Presidente del Partido Popular Democrático se resignó; mas su chófer, quien estaba muy contrariado, se fue a dar unas vueltas por el pueblo. Se dice que encontró a un líder popular. Le explicó la situación, y éste le proporcionó los medios para que el automóvil pudiera llegar hasta Arecibo. Y en esta última ciudad el doctor Susoni ordenó que se le llenara el tanque al resabioso vehículo.

Al quebrar del alba, en otra ocasión, veníamos Muñoz Marín, Erasmo y yo por la carretera de Salinas a Cayey. A mi compañero, quien había tenido una fuerte brega en el volante, se le estaban cerrando los ojos. El sueño y el cansancio lo estaban dominando. Entonces mi compañero, evitando que ocurriera una desgracia, con toda franqueza le manifestó a nuestro jefe:

—Es preferible detener la marcha y dormir siquiera media hora, pues tengo mucho sueño.

Muñoz Marín, a la vez que daba el consentimiento para ello, me dijo:

—Lieban: Apúntate esto en la libreta para que no se te olvide.
Cogí mi libreta de taquigrafía, que siempre tenía a la mano, y expresé:
—Dígame—. Y me dispuse a escribir.
—Anota ahí —empezó a dictarme— que hay que comprar un termo, para tenerlo siempre en el carro, lleno de café negro, cuando viajemos de noche. Así podría Erasmo evitar los mareos y ahuyentar el sueño.
Y entonces fue que mi compañero, ni tardo ni perezoso, en un santiamén pronunció estas palabras:
—Sí; pero dígale a Lieban que apunte también que hay que comprar una fiambrera para tenerla siempre en el carro durante el día, llena aunque sea de arroz y habichuelas, porque la mucha hambre también da mareos y uno se puede volcar.

Otras veces, después de los mítines, visitábamos la residencia de algún líder. Yo siempre tenía que estar, libreta en mano, cerca del jefe por si de momento se veía en la necesidad de dictarme algo. Pero Erasmo se desaparecía.
Llegaba el momento de la despedida. Entonces Muñoz Marín, como no veía a su chófer, preguntaba por él. Nadie sabía dónde estaba Erasmo. Nuestro jefe pensaba un poco, y, de repente, como una gran idea que le atravesaba el cerebro, ordenaba en alta voz:
—¡Pues búsquenlo en la cocina, que Lieban y yo a veces no comemos, pero él come por los tres!
Efectivamente, en la cocina encontraban al chófer, masticando a todo tren, mientras sus compañeros se conformaban con lanzar algunos bostezos y ahogar unos cuantos suspiros.

Cierto día, en que se había anunciado en un barrio de Guayanilla la celebración de un mitin popular para la hora del obscurecer, llegamos a dicho barrio con 45 minutos de anticipación. Al enterarse el líder de Guayanilla —licenciado Julio Rojas Reyes— de que aún no habíamos cenado, intentó mandar a prepararnos alguna comida. Pero Muñoz Marín lo hizo desistir de la idea. Sin embargo, le sugirió la conveniencia de que enviara a alguien a buscar algunos jugos de pera.
Erasmo, quien se había entristecido al oír a nuestro jefe cuando declinó la proposición de la comida, se alegró mucho cuando sus dilatadas pupilas tropezaron con las pequeñas latas de jugo. Abrió bien los ojos. Sonrió. Y le dio un ligero paseo a la lengua por los labios.
De pronto nuestro jefe llamó a su chófer, ordenándole:
—Habla tú primero, cualquier cosa, en lo que se reúne la gente, que después hablo yo.

¡Así fue como el chófer se convirtió en orador!

Fue aquella una broma muy pesada que le gastaba su jefe; y no quedaba otra alternativa que la de cumplir la encomienda.

Erasmo, con paso vacilante y cara triste, se dirigió a la tribuna, no sin antes lanzar una mirada maliciosa al sitio donde estaban las indicadas latas de jugo.

Los campesinos rodearon la tribuna y se dispusieron a escuchar religiosamente la palabra del nuevo orador. Y se rumorea que éste, aunque hizo de tripas corazón, siempre ensartó un sin fin de disparates.

No obstante, se salió con las suyas.

Cansado de parlar en balde, comenzó a ensayar unos chistes de su extenso repertorio y a dar bromas. El mitin fue cobrando interés. Y llegó un momento en que mi compañero intentó bajarse de la tribuna, pero los campesinos le suplicaron que siguiera hablándoles.

Erasmo contó otro chiste y, lleno de astucia al fin, en un momento de descuido de Muñoz Marín, pidió un jugo de pera. Si rápidamente se lo llevaron con más rapidez se lo tomó.

Hilvanó otro párrafo, y tuvo que ser algo del otro mundo, porque se ganó una gran ovación. Mientras lo aplaudían, solicitó otro jugo por aquello de "refrescar la garganta".

Segundos después inició otro párrafo. En el instante nuestro jefe observó que habían "desaparecido" dos latas de jugo y que solamente quedaban tres. Le dijeron que Erasmo se los había tomado. Y, conociendo las cualidades gastronómicas de su chófer, rápidamente le ordenó al licenciado Rojas Reyes:

—Mira, Julio: ¡Bájame a Erasmo por una *pata*, que me va a dejar sin jugos!

De esa manera se le terminó a un chófer la carrera de orador.

En otra ocasión, mientras estábamos en la residencia que en San Germán tenía don Santiago R. Palmer, cariñosamente llamado *Don Chago*, éste, recordando la historia de mi sufrido compañero de luchas, pronunció estas palabras:

—A Erasmo hay que hacerle una estatua el día que se muera.

A lo que el Presidente del Partido Popular apuntó:

—¡No! Lo que se debe hacer es lo siguiente: ¡Guardarle un minuto de silencio!

Recuerdo otro día en que Muñoz Marín le había ordenado a Erasmo que llevara a determinada persona desde San Juan a un lejano pueblo de la Isla, haciéndole la advertencia de que regresara rápidamente, porque él (Muñoz Marín) tenía que hablar en dos mítines aquella misma tarde. Pero el histórico automóvil, que estaba flojo de gomas, hizo quedar mal a mi compañero.

El jefe se abrasaba vivo, pues se estaba pasando la hora de salir para los actos públicos de referencia y al chófer no se le veía la cara por ningún sitio.

Nuestro Presidente, en las oficinas del Partido, nerviosamente andaba de un lado a otro. Estaba desesperado, violento, colérico y hasta diciendo los nombres de las pascuas. Se le habían salido los colores al rostro.

Al fin, bastante retrasado, llegó mi compañero. Tan pronto lo vio, Muñoz Marín, furioso, se le abalanzó encima, como si lo hubiera ido a degollar. Erasmo, entre nervioso y sorprendido, empezó a dar las explicaciones de su tardanza. Pero nuestro jefe no lo dejó terminar y, al mismo tiempo que le pedía las llaves del automóvil, le espetó lo siguiente:

—¡Queda suspendido de empleo y sueldo!

Mas Erasmo, quien, en sus trances más difíciles, siempre hallaba una salida airosa, manifestó:

—Bueno..., don Luis: Suspendido de empleo, sí; pero de sueldo, no: porque de sueldo... ¡hace mucho tiempo que estoy suspendido!

¡Y Erasmo tenía razón de sobra, porque hacía meses que no daban señales de vida el plan de sellos que estaba poniendo en práctica el señor Ellsworth ni las diligencias del Comité de Hacienda! Habíamos sugerido que a éste se le cambiara el nombre por el de Comité de Suspiros, pues le cuadraba mejor.

Recuerdo una anécdota muy pintoresca.

Siempre habíamos notado que Erasmo era un gran aficionado a las canciones. Cuando menos lo esperábamos, en las horas de la madrugada, tal vez para que lo acompañáramos en su desvelo, nos endilgaba un tango, un bolero, una danza o alguna canción en boga. Y, cuando nuestro jefe estaba de buen humor, gozábamos de lo lindo.

Una vez, casi al apuntar el día, Muñoz Marín, sentado solo en el asiento posterior del automóvil de campaña, cerca de Cayey en ruta hacia San Juan, solicitó de nuestro compañero que cantara *La Gaviota*. Esta era una muy conocida canción del compositor Rafael Hernández, de Aguadilla. Muñoz Marín deseaba cantar también.

Entonces Erasmo, con su voz fina y ondulante de tenor, haciendo la parte del primo, o *cantus firmus*, con gracia y gran afición empezó a entonar la parte que dice:

"Como gaviota que al atardecer..."

Muñoz Marín rápidamente, con su voz sonora y vibrante —de

verdadero barítono en su sonoridad, extensión y flexibilidad—, *haciendo la segunda voz de La Gaviota*, prosiguió:

"Cansada y triste de tanto volar...
(Primo) "Sin esperanzas, sin amor, sin fe,
(2a. Voz) Por compañera: la soledad..."

Así continuaban rompiendo los aires, cantando completamente la mencionada composición, la voz delicada de Erasmo y la voz de trueno de Muñoz Marín.

Todavía me parece oír al chófer-tenor *cantando*:
—"Como gaviota que al atardecer..."
Y al líder-barítono *tronando*:
—"Cansada y triste de tanto volar..."
—"Sin esperanzas, sin amor, sin fe,
—"Por compañera: la soledad..."

Mas no todo era miel sobre hojuelas.

El Presidente del Partido Popular siempre le había aconsejado a su chófer que evitara las peleas por motivos políticos. Este le expresaba que, cuando veía malas y no buenas en cualquier discusión, inmediatamente sacaba *El Catecismo del Pueblo* y se orientaba. Ese pequeño libro, que era como un "abogado" o como un "arma de defensa", en todo tiempo lo guardaba Erasmo en uno de los bolsillos del gabán. Pero una tarde, al cambiarse de traje, olvidó su arma favorita..., y quiso Lucifer que, en un cafetín de Bayamón, se enfrascara en una violenta discusión en torno al cumplimiento que el Partido Popular daría a la palabra ofrecida al pueblo.

Un rabioso republicano le hizo una pregunta. No pudo contestarla. Entonces Erasmo hundió sus manos en los bolsillos de su gabán buscando afanosamente al "abogado": el *Catecismo del Pueblo*. Al no encontrarlo, se enfureció. Y como no sabía discutir, la contestación que le dio al colérico republicano fue ésta: Agarró fuertemente una silla y la emprendió a golpes contra su interlocutor.

Desde luego, se armó un caramillo. El siguiente fue el resultado: El pobre Erasmo, con un ojo hinchado, fue a parar a la cárcel.

Bien temprano al otro día se personó Virgilio —el hermano— en las oficinas del Partido Popular y le refirió a Muñoz Marín el caso de Erasmo con todas sus circunstancias. Poco tiempo después el chófer-boxeador fue puesto en libertad, gracias a las rápidas diligencias hechas por su hermano y sus fiadores Muñoz Marín y *don Fonso* "El Barbero".

Desde entonces, antes de salir de su casa, y para evitar una obligada visita a la cárcel, Erasmo se palpaba todos los bolsillos para asegurarse de que portaba a su "defensor" el *Catecismo del Pueblo*.

Una vez Muñoz Marín me dictó una carta-circular para los líderes del distrito senatorial de Guayama, anunciándoles el próximo itinerario de mítines. Pero también, para ponerla al calce de cada circular, me dictó una nota en el sentido de que no se preparara comida, "pues no habría tiempo de comer".

Cuando yo estaba transcribiendo mis notas taquigráficas Erasmo, entristecido, se me acercó y preguntó:

—Dime una cosa: Eso que le oí decir al viejo ¿es una broma o es verdad?

—¿Y qué fue lo que oíste?

—La nota esa de que no preparen comida —replicó.

—Pues es verdad.

Y seguí tecleando.

Pero me volvió a interrumpir:

—Mira Lieban: Tú sabes cómo es el viejo. A lo mejor lo ha dicho en broma y tú has creído que es verdad. Yo, siendo tú, no pondría esa nota.
—¡Muchacho! —exclamé. —¡Qué mucho me aprecias!
—¿Por qué? —interrogó.
—Pues ya quieres que me impongan el mismo castigo que te infligieron una vez.
—¿Cuál?
—Que ¿cuál? ¡Nada menos que el de la suspensión de empleo y sueldo!
Entonces se rió. En seguida, como conformándose con la mala suerte, murmuró:
—¡Caramba! La verdad es que el viejo tiene cosas de loco.
Sonreí, mas seguí moviendo las teclas. Erasmo continuó su pensamiento:
—Como él casi no come se cree que nosotros somos santos.
Se registró una pausa más breve que un suspiro. Volvió a la carga:
—Si no fuera porque lo quiero mucho, ¡ahora mismo cogía el camino y me iba!
Entonces prevaleció, por unos segundos, un silencio de tumba.
Lo noté nervioso, disgustado.
Creo que, en su interior, maldecía la hora aquella en que su primo Marcelo —apodado *Sicá*— lo recomendó para trabajar con Muñoz Marín, pues recordó la encomienda que éste le hizo a don Félix Alvarez, y exclamó, extendiendo bruscamente los brazos:
—No en balde quería que le buscaran un chófer que no comiera... y que no cobrara...!
Reí con estrépito. Parece que se contagió, porque, a los pocos segundos, su cara de viernes se tornó en una de abril.
De golpe y porrazo salió con esto:
—Mira: Vamos a hacer una cosa.
—¿Cuál?
—En vez de poner en esas cartas, las notas que don Luis te dictó, escribe lo siguiente: "No se apuren por mí. Pero recuerden que Lieban y Erasmo... comen. Ténganles, aunque sea, una batatita por la izquierda".
¡Pobrecito! ¡Se alimentaba de ilusiones!

Sin embargo, aquella carta-circular fue la causa de que un líder, muy apreciado, sufriera una tremenda decepción. Estoy aludiendo al amigo Manuel Rivera Baerga, conocido por *Bimbín*, quien entonces era candidato a Alcalde de Patillas por el Partido Popular. O no leyó la nota al calce de la circular o, si la leyó, no la creyó. Pero lo cierto fue que

Bimbín nos tenía preparado, en un barrio de Patillas, a manera de un banquete.

Parecía que las casas de aquel sector se habían quedado desiertas, porque, en el mitin que se celebró, no cabía un alma más.

Mientras el Presidente del Partido Popular predicaba su "evangelio" *Bimbín*, al mismo tiempo que le mencionaba a Erasmo unas "gallinas fritas", le decía:

—Todo lo que has sufrido en estos días esta tarde lo vas a gozar.

Mi compañero, a la vez que experimentaba gran alegría, se frotaba las manos con celeridad.

Rivera Baerga tenía fruición en verlo reír. Luego, dirigiéndose también a mí, que estaba escuchando la prédica de Muñoz Marín, exclamó:

—¡Se van a poner las botas!

Mas yo, que conocía muy bien a nuestro jefe, para mis adentros recitaba este modismo:

—¡En qué pararán estas misas!

El mitin finalizó.

Nuestro jefe, como una centella, se dirigió al automóvil. *Bimbín*, como un rayo, se le fue detrás, emitiendo estas palabras con fuerza:

—Pero ¡don Luis!: ¿Qué va usted a hacer?

—Pues... ¡irme! ¡No puedo perder un solo minuto en esta brega! Tengo otro mitin pendiente.

—Pero ¿se va a ir y me va a dejar la *comida* servida?

Ahí fue Troya. El Presidente del Partido Popular, enfurecido, vociferó:

—¿Qué dices? ¿*Comida*...?

El líder local mudó de semblante. En su rostro se reflejaron todos los colores del arco iris.

Mientras tanto, los campesinos, como asombrados, se miraron unos a otros.

Muñoz Marín, poniendo el grito en el cielo, prosiguió:

—Cuando yo doy una orden ¡hay que cumplirla! Si digo: "No preparen comida", eso quiere decir: ¡No pre...pa...ren co...mi...da...! ¿Está claro eso?

Rivera Baerga, quien parecía que le habían chupado brujas, abochornado, respondió:

—Está muy bien. Esto no volverá a ocurrir.

—"Ocá" —murmuró Muñoz Marín. Y ordenó al chófer que emprendiera marcha.

Minutos después el automóvil devoraba las curvas de la carretera y dejaba atrás, en un barrio de Patillas, al ave negra de la decepción desgarrando, sin misericordia, las telas del corazón de un generoso líder.

"AL CESAR LO QUE ES DEL CESAR"

Nadie tiene una idea de lo mucho que sufrimos en diversas poblaciones donde los líderes populares eran muy pobres. Les sobraba corazón, pero les faltaban recursos económicos.

Cuando esas poblaciones eran incluidas en algún itinerario de mítines Erasmo, su hermano y yo nos desesperábamos. Presentíamos las largas horas que íbamos a pasar en blanco.

No obstante, parecíamos un abril cuando en la ruta se anotaban los siguientes pueblos: Aibonito, Arecibo, Barranquitas, Caguas, Camuy, Cidra, Coamo, Guayama, Humacao, Juana Díaz, Juncos, Luquillo, Manatí, Maunabo, Mayagüez, Patillas, Ponce, Rincón, Sabana Grande, Salinas, San Germán, San Sebastián, Villalba y Yabucoa.

En sus respectivos pueblos los siguientes líderes y amigos, conociendo nuestros sufrimientos, nos hacían pasar una vida un poco más tranquila o llevadera:

Ignacio López y Nicolás Ortiz: doctor Susoni; José N. Berríos y Berdecía y Pepita Rojas; Solá Morales y Minina Santos; Manuel Acevedo Rosario; Ellsworth; Francisco L. Anselmi; Félix Alvarez Bones; Cruz Ortiz Stella; Julio N. Matos; Zoilo Méndez; Jesús T. Piñero; Pablo Suárez; Juan Dávila Díaz y Mercedes Zorrilla; Ignacio Saavedra y Mateo Navarro.

Y Domingo Bonet Santos; licenciados Enrique y Eudaldo Báez García, Salvador Arana Soto y Lorenzo Lagarde Garcés; Fidel C. Castillo; Manuel Rivera Baerga; Andrés Grillasca, Juan Cabrer y Ernesto Ramos Antonini; Alfredo Raffucci; José Castillo; Pura R. de Vázquez, José Vázquez Vélez y Segundo Díaz Díaz; Santiago R. Palmer; Bernardo Méndez; Severo Arana, Agustín A. Vélez, Agustín Burgos y el doctor Víctor Berríos; Nicolás Betancourt y Ernesto Carrasquillo.

En el gran desierto de la Isla considerábamos a ese grupo de pueblos como un oasis.

En cuanto a San Juan, los empleados de las oficinas del Partido Popular recibíamos, en una u otra forma, bastante ayuda de muchos amigos y líderes; pero, ¿por qué no decirlo?, siempre recordamos con gratitud, entre otros, los siguientes nombres:

Felisa Rincón, Leonor Rosa, Pilar Llanos, Zoilo Rivera, Jaime J. Saldaña, Samuel R. Quiñones, Benjamín Ortiz, Armando A. Miranda, Ernesto Juan Fonfrías, Rodolfo Ramírez Pabón, Fernando Sierra Berdecía y Eligio Caraballo.

También: Juan Meléndez, Julio C. Torres, Tomás Pagán Colón, Ramón Rosa Pratts, Francisco Susoni (hijo), Jorge Font Saldaña, José Fidalgo Díaz, Cruz Pacheco Ruiz, Rafael Díaz Morales, Luis Laboy, Luis Antonio Miranda y Francisco Girona.

Y Tomás Guardiola, Félix Alvarez, Eduardo Umpierre, William Córdova Chirino, Nicolás Lecároz Largé, Manuel Henríquez, Miguel Roses Denton, Raimundo Lebrón, Edwin Garcés, Homobono Ocasio, Domingo Guasch y José Nora.

Creo que cabe aquí la siguiente frase proverbial: "Dar a Dios lo que es de Dios, y al César lo que es del César".

El último amigo mencionado (Nora), quien era un conocido miembro de la fuerza policíaca, tuvo la gentileza de regalarle a Muñoz Marín un curioso pisapapeles con la figura del campesino y su típica pava. Ese utensilio, en el escritorio del Presidente del Partido y a la vez Director de *La Democracia*, era como una reliquia y hasta servía de estímulo eficaz para Muñoz Marín, al contemplarlo, producir conceptuosos artículos y editoriales. ¡Qué muchos de éstos me dictó examinando con atención y tocando y volteando ese pisapapeles! La figura del campesino y su "pava" lo inspiraban.

LEYENDAS, RUMORES Y COMENTARIOS

Mientras el Presidente del Partido Popular Democrático y *El Batey* cernían numerosos campos y pueblos, acá en San Juan, sobre las mesas de los restaurantes, se decía que los líderes adversarios hacían sus cálculos y números y que hasta se "repartían" las prominentes posiciones que pensaban ocupar cuando triunfaran el cinco de noviembre. Basaban sus cómputos y cifras en los constantes informes que de la Isla les llegaban en el sentido de que Muñoz Marín se pasaba todo el tiempo, en la jurisdicción de Adjuntas y Yauco, descansando en "La Arvela" —una apacible finca propiedad de don Andrés Grillasca— o viendo pasar las horas bajo los silenciosos yambos y saboreando sus pomarrosas en el pintoresco *Treasure Island*, de Cidra.

Para ese tiempo el turismo estaba en todo su apogeo.

Por lo general, los lunes eran los días que más turistas desembarcaban en la Isla, deseosos de presenciar la incomparable belleza de nuestra tierra y de visitar las estancias más encantadoras.

Los "reyes del volante" hacían su agosto conduciendo a los que recorrían el país por esparcimiento y diversión a los sitios más hermosos de Puerto Rico para que vistieran una turca de quimeras y sueños. Y ¡claro! no podían prescindir de *Treasure Island:* paraje sobre el cual parece que, en un momento de sublime locura o de emoción intensa, la enigmática naturaleza volcó lo más preciado de todos sus encantos y lo más selecto de todos sus primores.

Muñoz Marín —hombre de muchas alicantinas, inteligente, observador, perspicaz— seguía sus planes de lucha. Y su táctica parecía ser la de recorrer los campos, en su sagrada prédica, entre los martes y los domingos de cada semana, y la de reposar o reparar las energías los lunes en el mencionado sitio que hace una agradable impresión en los sentidos.

Ya para esos días algunos líderes de los partidos Republicano y Socialista habían entrado en conversaciones políticas con el licenciado José Ramírez Santibáñez y otros dirigentes del Partido Liberal Puertorriqueño, y habían formado una nueva colectividad: la Unificación Puertorriqueña Tripartita. Santibáñez era el sucesor de don Antonio R. Barceló, quien había pasado a mejor vida.

Andando el tiempo, debido al descontento de unos líderes y a la fiebre de mando de otros, se formó el Partido "Agrícola Puro de Puerto Rico", que vino a ser como un "hijo" de la Unificación.

Mientras tanto, allá en *Treasure Island* Erasmo y yo, que siempre andábamos con un dominó a cuestas, invitábamos a jugar a los chóferes que llevaban a los turistas a recrearse en aquel lugar encantador, cuajado de belleza. Nuestros invitados o compañeros de juego, quienes dejaban correr la lengua como la taravilla de un molino, todos los lunes nos asediaban con preguntas como éstas:

"¿Qué le pasa a Muñoz Marín, que está quieto, que no se oye, que no da mítines?"

"¿Se cree que internado aquí en Cidra, jugando béisbol con Jaime Benítez, Sergio Cuevas, Roberto Sánchez Vilella, Buitrago, el americano Ellsworth y ustedes dos va a hacer patria?"

"¿Acaso piensa *El Vate* que oyendo programas de radio y leyendo libros va a ganar las elecciones?"

"¿Cuánto tiempo piensan ustedes pasar aquí?"

Nosotros, que conocíamos al líder popular como a nuestras propias manos y sabíamos de su táctica o estrategia, haciéndonos los cándidos siempre contestábamos con evasivas.

Sabíamos también que Muñoz Marín y los demás oradores del Partido, quienes le decían al pueblo verdades como puños y eran capaces de sacar jugo a un palo seco, tenían, al decir de los campesinos, "una fábrica de hacer populares".

A fuerza de tanto ver los lunes a Muñoz Marín en aquel sitio de recreo, los chóferes, quienes pertenecían a distintas agrupaciones políticas, al regresar a la capital empezaron a hilvanar leyendas, tejer rumores y enhebrar comentarios. Al oírlos, naturalmente, los líderes adversarios comenzaron a descuidarse, a no darle importancia al Partido Popular y a ensartar sus sueños de poder con la hebra de una ilusión.

En el ínterin, la prolífica "pava", durante seis días a la semana, entre martes y domingo, formaba "nidos" y procreaba "pavipollos" a centenadas —adeptos o simpatizantes— y el lunes recogía el abanico de sus "alas" y se echaba a descansar a la sombra de los árboles de pomarrosa.

LO QUE LE SUCEDIO A RAMOS ANTONINI

Al mágico embeleso de la encendida voz de los oradores del Partido Popular Democrático se fue haciendo más claro el entendimiento de nuestros compatriotas y su conciencia fue soltándose de las amarras del sueño. Ejercían la oratoria, entre otros, doña Amalia Marín viuda de Muñoz Rivera, María Libertad Gómez, Felisa Rincón, María Luisa Muller, Muñoz Marín, los Susoni (padre e hijo), Benigno Fernández García, Ramos Antonini, Vicente Géigel Polanco, Samuel R. Quiñones, Armando A. Miranda.

También: Ramón Barreto Pérez, Rafael Arjona Siaca, Lino R. Corretjer, Dumont, Julio N. Matos, los hermanos Báez García, Luis A. Negrón López, Severo Ramos, Carlos Román Benítez.

Y Manuel Rivera Matos, Carmelo J. Gorritz, Ellsworth, Ortiz Stella, Solá Morales, los hermanos Córdova Chirino, Pacheco Padró y Gutiérrez Franqui.

Los pobres, los humildes o los de la llamada clase media tenían puesta toda su esperanza en el Partido Popular, y hasta rogaban por su triunfo.

Tal vez muchas personas no lo sepan, pero en San Juan también se elevaron plegarias al Todopoderoso por el triunfo de nuestra colectividad. Sé de una: la de don Benigno Rivera Cruz, residente en el barrio La Perla. Este amigo, agitador político y propagandista de la doctrina popular hizo la promesa de andar un día, descalzo, por cada distrito senatorial que ganara nuestro Partido.

A medida que se acercaba el día de las elecciones iba haciéndose más patente la incontenible fuerza del ejército que avanzaba enarbolando la bandera de Pan, Tierra y Libertad.

Cuando se anunciaba un mitin y, como un rayo, se corría la voz de que en el mismo hablarían, por ejemplo, Muñoz Marín, Géigel Polanco y Ramos Antonini, las gentes sencillas del pueblo, haciendo galas de gran humorismo, acuñaban frases como éstas:

"Hoy tiembla la tierra".

"No es cáscara de coco lo que viene para encima de la Coalición".

"Casi nada: ¡Las tres divinas personas!"

"Ni el gato se queda en casa".

"Esta noche se cae la nena del coy".

"Hay que ponerse lindo para oír a *La Yerba*".
"Son los tres mosqueteros, que no es lo mismo".
"¡No hay quien pueda con esa batería!"
Muchos campesinos eran apodadores. A Muñoz Marín solían darle el nombre de *La Yerba* o *El Anamú*. Al partido de la Coalición le ponían el apodo de *El Chivo*. Y de ahí que se desparramaron como la pólvora viva, caracterizando la época del '40, unas frases privativas del "jíbaro" que, por lo genial o por el sabor local, resaltaban el espíritu de raza, como éstas: "Esa es la yerba que el chivo no masca" o "Ese es el anamú que el cabro no mastica".

Algunos de nuestros agitadores, poniendo su inventiva a caminar, también se idearon locuciones enérgicas muy significativas. Sin embargo, en mi personal opinión, fue una noche, en el teatro de Maricao, que se pronunció una de las frases más pintorescas de toda la campaña. La dijo, en medio de unos chistosos párrafos de un discurso, que tomé taquigráficamente, el señor Rogelio Valentín. Sus correligionarios acostumbraban ponerle el apodo del "orador jíbaro" y, cuando así lo llamaban, daba rienda suelta a la risa. Esta fue la frase pronunciada: "Dios en el cielo, Roosevelt en Estados Unidos y Muñoz Marín en Puerto Rico".

Volviendo al tema de los mítines voy a referirme a uno en el que a Ramos Antonini le sucedió un gran chasco:

Fue un domingo por la noche, en el sitio denominado "Perla Nueva", de San Juan. El acto había sido organizado por José R. Jiménez, también conocido por Rafael, quien era el presidente del Comité "Luis Muñoz Rivera". El mitin, a pesar de que se ejecutaba cerca del cementerio, estaba muy concurrido, ocmo para hacer una excelente demostración de fuerza. Abundaban las bombillas y los altoparlantes. Sólo faltaba espacio donde situarse la gente. Como se estila por ciertos parajes: "No cabía un alma más".

Al canto del gallo Ramos Antonini —elocuente orador que hacía estallar a sus oyentes en estruendosas ovaciones— subió a la tribuna. Y se rumorea que, después de hilvanar uno de los párrafos más conceptuosos de su discurso y ser delirantemente aplaudido, prevaleció la tétrica voz de un silencio de sepulcro. Sólo, a la distancia, se percibía el misterioso eco de las olas del mar cuando, amorosas, besaban la playa.

Tratando de aprovechar aquel instante de quietud Ramos Antonini fue a iniciar otro párrafo:

—Señores...

Ahí se quedó..., porque una cabra, que estaba haciendo maromas sobre una cercana barandilla, desgarró el silencio con un impresionante berrido.

Se registró un ligero murmullo, que se deshizo cuando el conno-

tado tribuno, subiendo un poco el tono de voz, volvió a la carga:
—¡Señores...!
El cuadrúpedo interrumpió:
—¡Beeeee...!
En esa ocasión del murmullo se pasó a la risa, al chiste, al comentario. Comenzaron a erizarse los nervios del orador.

Hubo otro momento de paz que nuestro arengador inmediatamente aprovechó para salir del trance. Y, con una fuerza que sacó no sé de dónde, casi gritó:
—¡¡¡Señores...!!!
Pero la invencible cabra, más fuerte aún, nuevamente impidió la continuación del discurso:
—¡¡¡Beeeeeeee...!!!
Entonces fue que, con los nervios como alambres de púa, y lanzándole a la maromera cabra una mirada fulminante, Ramos Antonini exclamó:
—O habla la cabra... ¡o hablo yo!

UN "ESPECTACULO NUNCA VISTO EN NUESTRA HISTORIA"

En la historia política de nuestro país nunca se había anotado el hecho de que los barrios rurales tuvieran representación en una asamblea; mas la Convención Constituyente del Partido Popular, a la que me referiré en el próximo párrafo, sentó el precedente.

El domingo, 21 de julio de 1940, y en el parque atlético "Sixto Escobar", de San Juan, se verificó la Asamblea Constituyente del Partido Popular, y unos 4,000 delegados asumieron directamente la representación de los 786 barrios rurales y los 77 pueblos de la Isla.

Antes de la Asamblea nuestro Presidente dictó unas manifestaciones exclusivas para el periódico *El Mundo*. Recordemos lo que en ellas manifestaba el ilustre líder:

"Esta asamblea del Partido Popular es el primer acto verdadera y ampliamente democrático de nuestra vida pública. Por primera vez van a tener representación directa los campos olvidados de Puerto Rico. Y los delegados saben que van a la asamblea para vigilar que no sean olvidados o relegados los problemas generales de la Isla que afectan la vida y el bienestar de cada uno de esos pueblos y sus barrios allí representados.

"Esta no es una simple asamblea política. Es la expresión de un pueblo en marcha hacia el establecimiento de nuestra autoridad democrática de pueblo y hacia el rescate de su justicia. Por eso, por ser una verdadera asamblea de nuestro pueblo en la que están representadas la clase trabajadora, la clase agrícola, la clase media —todas las clases representativas de lo que ha sufrido este pueblo y de las aspiraciones de este pueblo de aliviar ese sufrimiento—; por eso, por ser una asamblea del pueblo mismo, es que estoy absolutamente seguro que no tolerará alianzas, coaliciones, componendas o mogollas de ninguna clase.

"He estado constantemente en contacto con mi pueblo durante los últimos dos años. He hablado personalmente con casi medio millón de la gente de mi pueblo. Y sé que están cansados del viejo sistema de politiquería, de convenciones de líderes en beneficio de carreras personales y de grandes intereses de explotación. Por eso es que, sin haber hablado con los delegados todavía, puedo decir con la más absoluta certidumbre que el Partido Popular Democrático, por la voluntad unánime de su asamblea, sin las discrepancias de un solo delegado, irá solo a las elecciones para que su triunfo sea un triunfo contra todo el sistema de componendas políticas que tan funesto ha sido para nuestro pueblo desde la fundación de la Alianza hasta este momento en que acaba de hacerse la alianza o componenda más peregrina de nuestra historia, bajo el nombre de 'Unificación Tripartita Puertorriqueña de los Partidos Liberal, Laborista y URA Reformista'. El nombre en sí expresa la clase de mogolla que es eso.

"En la asamblea Popular Democrática estarán hombres y mujeres que en el pasado año han sido de los distintos partidos de Puerto Rico. Pero no estarán allí entregados unos y otros, rindiéndose unos a otros. Estarán allí dándose todos juntos al establecimiento de un gobierno que sea del pueblo mismo y para el pueblo mismo. Es la verdadera unión de Puerto Rico."

A las 11:00 de la mañana de ese domingo ya no había sitio dónde pararse. El espacioso parque resultó pequeño para los populares. El récord de asistencia a asambleas políticas quedó roto ese día. Muñoz Marín tuvo que entrar por el fondo del campo atlético, tropezando a cada rato, abriéndose paso casi a la brava para poder lograr acceso al templete. Cuando llegó a éste recibió una estruendosa ovación. La orquesta aprovechó aquel momento de entusiasmo para romper los aires ejecutando *La Borinqueña*.

Ya en la mesa presidencial Muñoz Marín no hallaba cómo dar comienzo a la Asamblea. Cuando dio el primer malletazo para declararla abierta no encontró qué decir. Estaba realmente emocionado ante el sorprendente espectáculo de aquella gigantesca congregación de almas. Miró a un lado; luego a otro; como buscando a quién comunicar su entusiasmo, su alegría. Unos amigos se le acercaron, y él, en tono más bien de buen humor que en serio, les expresó:

—En realidad, no encuentro cómo empezar. No sé qué hacer ahora. ¿Qué es lo que se hace en una asamblea como ésta? ¿Qué tengo que hacer yo como presidente? ¿Cuál es el primer paso a dar? ¡Aconséjenme!

En esa asamblea fue que hicieron su adhesión formal al Partido, entre numerosas personas, las siguientes:

Licenciados Felipe Colón Díaz, Miguel Guerra Mondragón y Carlos del Toro Fernández; señores José Cornelio Vázquez, José Portilla y Juan Cabrer, quien era entonces un destacado líder socialista; el doctor Miguel Roses Artáu y, a través del licenciado Del Toro Fernández, las señoras Elisa Estrella de Diego de Pereira y Georgina de Diego Garáu. Ellas eran las hijas del inolvidable patricio puertorriqueño don José de Diego.

Cuando, a través de los micrófonos, se dijo que en la asamblea estaba presente, como visitante y observador, el conocido periodista don Antonio Coll Vidal, el inmenso público le aplaudió mucho. Entonces fue que el licenciado Guerra Mondragón pronunció estas palabras: "Estoy aquí no como visitante, sino como afiliado al Partido Popular Democrático".

En el instante en que Muñoz Marín le entregó el mallete a la señorita María Libertad Gómez, vicepresidenta del Partido Popular, la asamblea tributó a ésta un cálido aplauso. Nuestro jefe aprovechó esa situación para presentarla como "la primera mujer que preside una asamblea política en Puerto Rico".

Una de las ovaciones más clamorosas se la llevó el licenciado Benigno Fernández García al proferir las siguientes frases:

—Este es un espectáculo nunca visto en nuestra historia. Yo les aseguro a todos ustedes que el resultado de las próximas elecciones será una victoria apabullante del Partido Popular. Este Partido es como una marea que sube.

Cuando, por conducto del licenciado Del Toro Fernández, hicieron su adhesión a nuestra colectividad las mencionadas hijas del ilustre prócer de Aguadilla, el licenciado Armando A. Miranda propuso, y fue aprobado, que la Asamblea, puesta de pie, guardara un minuto de silencio en honor a la memoria de don José de Diego.

Así, —entre ovaciones, aplausos y exclamaciones de júbilo—, la Asamblea Constituyente duró 12 horas. Exactamente a las 9:30 de la noche Muñoz Marín la dio por terminada con estas fervientes palabras:

—Con la fe puesta en Dios vámonos todos para el campo a hacer la victoria del Partido Popular Democrático el cinco de noviembre de 1940.

Mesa Presidencial de la Asamblea Constituyente del Partido Popular.

ACTO QUE SENTO UN PRECEDENTE

Un mes más tarde —el domingo, 18 de agosto— se llevó a efecto en Caguas la Asamblea General de nuestro Partido, asistiendo, además de los miembros de la Junta Central, 1.024 delegados. En un elocuente discurso el señor Solá Morales dio la bienvenida a las personas que ostentaban la representación del pueblo.

Fue en ese acto que el licenciado Géigel Polanco solicitó que se nombrara o nominara a Muñoz Marín, por aclamación y por unanimidad, candidato al cargo de Comisionado Residente en Washington. Como si hubiera sido removida por un resorte, la Asamblea así lo proclamó en unos segundos. Entonces nuestro Presidente, luego de manifestar que era un alto honor para él recibir la prueba de confianza que tal proclamación significaba y que agradecía profundamente, dijo estas sentidas frases:

—Pero yo me siento mucho más de este pueblo (Puerto Rico) de lo que me sentía antes de comenzar esta campaña del Partido Popular Democrático, porque yo he estado en el corazón de las montañas de este pueblo, porque yo he estado en los bohíos donde se acurruca y se esconde el dolor de este pueblo, porque yo le he hablado cara a cara a más de medio millón de la gente que sufre por esos campos y esos pueblos de Puerto Rico en esta cruzada, y la atadura que eso crea emotivamente, espiritualmente en mí es tan fuerte que yo creo que, aunque fuera necesario que yo fuera a Washington como Comisionado Residente, me costaría trabajo cumplir con ese deber. Lo cumpliría, pero me costaría trabajo, porque me sentiría más extraño que nunca en aquella tierra después de haber estado tan adentrado en el corazón de esta tierra puertorriqueña.

Se le prodigó una gran ovación.

Poco después se nominaron estos dos candidatos: el doctor Antonio Fernós Isern y el licenciado Rafael Arjona Siaca.

El resultado de la votación para candidato a Comisionado Residente fue como sigue:

Fernós: 566 votos
Arjona: 478   "

Como el Reglamento exigía una mayoría de dos terceras partes, el licenciado Arjona Siaca, en un gesto de nobleza, hizo una cesión de sus votos. Y así fue que el doctor Fernós Isern recibió una proclamación unánime para el elevado cargo que Muñoz Marín había declinado.

Al cabo de algunos días —en la noche del domingo, 15 de septiembre— se celebró en la Parada 22, de Santurce, uno de los actos más sorprendentes que registra la historia política de Puerto Rico.

Allí, en un grandioso mitin popular, donde había miles y miles de almas congregadas, los candidatos de nuestro Partido que fueron nominados en la Asamblea de Caguas, de la manera más solemne y formal, juraron —ante don Luis Muñoz Marín, el público allí reunido y el pueblo de Puerto Rico en general que a través de la radio participaba del histórico acto— respaldar con sus votos en la Legislatura, de resultar elegidos, el programa de justicia social y económica del Partido Popular Democrático.

El pueblo ya tenía una gran confianza en la honradez, sinceridad y buena fe del liderato de nuestra agrupación política. Después de la celebración de tan imponente actividad, que sentó un precedente en la historia puertorriqueña, la mencionada confianza se reafirmó mucho más en la conciencia del pueblo y de los líderes populares. Además, aumentó, hasta su grado máximo, el interés, el impulso, el estímulo que movía a los puertorriqueños a luchar por su justicia.

El grandioso "Mitin de la 22" fue como una chispa que se tornó en hoguera.

GRITOS Y LAGRIMAS, CARCAJADAS Y SUSPIROS

Por fin, montado sobre el infalible corcel del tiempo, llegó el día de la jornada eleccionaria —cinco de noviembre de 1940— encontrando al líder máximo de los populares y a los compañeros de lucha en sus puestos de honor: en las infranqueables trincheras de las oficinas del Partido Popular Democrático.

Unos seres tristes, pálidos, sudorosos, pero con la antorcha de la fe y la luz de la confianza iluminándoles sus mentes, empezaron a descender de las colinas, a cruzar los valles, a desprenderse de las montañas y a perderse por los caminos y carreteras rumbo a sus respectivos pueblos. Eran decididos "soldados" del ejército popular que se disponían a usar los "fusiles" de sus votos libres y limpios para hacer una pacífica revolución social que indudablemente tendría que registrarse en las gloriosas páginas de la historia de Puerto Rico.

Los colegios de votación estaban como lobos hambrientos esperando la presa. A la una de la tarde comenzarían a devorar papeletas: las armas que el pueblo iba a utilizar para emprender el ancho sendero de la felicidad o para hundirse en el tenebroso abismo de una espantosa miseria.

Como a las 12:15 del día el Presidente del Partido Popular me dictó su postrer mensaje para los electores. Era un mensaje breve, pero jugoso. Para reunirse los diez dólares que solicitaba don Domingo Díaz para dejarlo transmitir en el programa de la "Commercial Broadcasting Company", en la estación WNEL, tuvo que hacerse una colecta. Entonces Muñoz Marín me hizo el gran honor de seleccionarme para que transmitiera sus últimas palabras al pueblo de Puerto Rico.

A las 12:50 de la tarde estaba yo frente al micrófono, evocando mis tiempos de locutor. Pero en esa ocasión, en ese momento decisivo en la historia de un país, estaba yo desempeñando un papel muy serio, de muchas campanillas: estaba internando en los oídos de nuestros conciudadanos el último mensaje del hombre que estaba dedicando su vida a la defensa de la causa de esos compatriotas.

Concentré, durante diez minutos, todos los sentidos en la transmisión de aquellas quemantes frases, engendradas entre los más puros sentimientos de un corazón grande y noble. Detrás de cada palabra parecía como que se me iban algunos pedazos del corazón y unas cuantas fibras del alma. Así de emocionado estaba cuando las pronuncié.

Un par de horas más tarde unas manos callosas, pero limpias, volcaban sobre el vientre de las urnas, a través de los 77 municipios de Puerto Rico, millares y millares de votos que eran como pasaportes hacia la felicidad.

Supongo que, al encontrarse solo en su caseta electoral, con la pupila dilatada, el pulso firme, el entendimiento claro y el pensamiento en alto, cada uno de aquellos votantes vio la apostólica, impresionante y carismática imagen de un hombre que, con la diestra levantada y el índice apuntándole al corazón, martillaba sobre la conciencia estas palabras de fuego:

—Tú has votado muchas veces por otros partidos y nunca has recibido beneficio. Prueba ahora con el Partido Popular Democrático. No pierdes nada con probar. Por el contrario, pueden ganar muchísimo tú y tus hijos.

—Has votado por otros en el pasado. Vota ahora por ti y los tuyos. Un voto nada más te pido. ¡Un voto solamente! ¡Un solo voto!

—¿Acaso vas a negarle tu voto a este hombre que nada pide, que nada quiere para él; a este hombre que lo único que desea es que, cuando se muera, haya siquiera un poco de más pan, un poco de más justicia, un poco de más felicidad entre los puertorriqueños?

—¡Un voto nada más te pido! Vota una sola vez; una, una sola, para probar, por el Partido Popular Democrático. Y si, después que esté en el poder, este Partido cumple lo que ha ofrecido, sigue votando por él. Pero, si no cumple, ¡en las próximas elecciones bájalo del poder y échalo al zafacón de los desperdicios, como una cosa podrida, que no sirve!

—¿Verdad que no hay nada más honrado que esto? *¿No verdad?*

—¡A ver! ¡Un voto! ¡Tú no puedes negarme ese voto! ¡Yo estoy dando esta gran pelea en beneficio tuyo y de tus hijos! ¡No me dejes solo! ¡Ayúdame con tu voto! Ya yo he hecho mi parte. ¡Haz tú la tuya!

—¡Dale un voto nada más, uno solo, uno solamente, al Partido Popular Democrático! ¡Un voto nada más! ¡Uno solo! Y no lo pido en mi nombre. ¡Lo pido en el nombre de tus propios hijos!

Al cerrar el día corrió el rumor, tan veloz como el relámpago, de que los populares habían ganado en numerosos municipios.

En *La Democracia* ya se estaban echando las puertas por las ventanas.

Hacía falta un radio para oír las noticias que Jacobo Córdova Chirino —en su programa de *El Heraldo*— y otros locutores transmitirían para el público, y la señora Luisa Cordero, madre de nuestro compañero Víctor, tuvo la gentileza de facilitarnos el de ella.

Según se iban conociendo los informes favorables a los populares se iban invadiendo las oficinas de nuestra colectividad. Cuando finalmente se supo que el Partido Popular Democrático había vencido en cuatro de los siete distritos senatoriales (Arecibo, Mayagüez, Ponce y Guayama), a punto estuvo de irse abajo el vetusto balcón del edificio de *La Democracia*.

Hombres, mujeres, jóvenes y niños se confundían en apretados abrazos y todos felicitaban efusivamente a Muñoz Marín y a sus compañeros de combate por el ruidoso triunfo alcanzado. Mientras algunos, debido al entusiasmo, reían y aplaudían, otros, como Carlos Román Benítez y Virgilio Rodríguez, casi lloraban de emoción.

Había, en aquellos momentos, una rara combinación de gritos y lágrimas, de carcajadas y suspiros.

Horas después, en los precisos instantes en que la ensombrecida capa de la noche recogía sus enlutados pliegues para dejar libre el sendero a la grisácea claridad de un glorioso amanecer, cansados, pero contentos, llegaban a sus hogares los miles y miles de electores que hicieron la salvadora *cruz* debajo de la insignia de la *pava*. Esa cruz la trazaron con la idea de que no estuviera muy lejos el día en que hubiera un poco más de *pan*, un poco más de *tierra* y un poco más de *libertad* para todos los puertorriqueños y también para todos los extranjeros que hace mucho tiempo viven en esta hermosa Isla y han considerado a Puerto Rico como su segunda patria.

El día de las elecciones, según supe luego, los campesinos no aceptaban invitaciones —ni del propio Presidente del Partido Popular— para montarse en vehículos que los llevaran prontamente al lugar de la votación. Se hacían en la mente la imagen de que, quien invitaba, muy bien podía ser un comprador de votos. Y ellos, atentos discípulos del maestro Muñoz Marín, habían aprendido bien la lección del valor, simbolismo y significado del voto libre y limpio en una democracia representativa, y sabían ya lo que significaba vender su *arma* (el voto) en medio de una *pelea* (el día de las elecciones).

El "arma" era para defenderse del "ataque" de los compradores de conciencias.

Los campesinos le habían prometido al señor Muñoz Marín —un hombre de personalidad inspiradora y de integridad absoluta— llegar, por sus propios pies, descalzos o con zapatos, y con la mente alerta y clara, a las casetas de votación. Querían estar seguros de que no iban a ser desviados de los caminos que conducían a las urnas en donde depositarían sus votos después de hacer una cruz debajo de la insignia de "la pava" —que representaba el mismo rostro de ellos— a favor del Partido Popular, de ellos mismos y de sus propios hijos.

Dicho y hecho: El morador de la montaña cumplió su palabra.

Los nobles jíbaros —por quienes Muñoz Marín siempre manifestó un vivo interés— confiaban más en sus adoloridos pies que en los flamantes automóviles o en las encopetadas personas que los conducían.

DIPLOMATICO Y EQUILIBRISTA

Si se toma en cuenta el poco tiempo de que dispuso para la difusión de sus postulados y el mucho tiempo que su más fuerte contendiente —la Coalición— estuvo entronizado en el poder, el Partido Popular Democrático logró una gran victoria.

En número de representantes a la Cámara empató con la Coalición: 18 a 18. El balance del poder lo constituyó el trío de representantes de la Unificación.

De 19 senadores, el Partido Popular Democrático, al derrotar a sus adversarios en los distritos de Arecibo, Mayagüez, Ponce y Guayama, sacó triunfantes a diez. El "tripartismo", en el Senado, se fue en blanco.

En cuanto a los municipios, los populares ganaron 28, los coalicionistas 39 y los unificacionistas diez.

¡Tenía que ser Muñoz Marín un gran diplomático para poder cumplir la palabra dada al pueblo antes de las elecciones con ese empate en la Cámara de Representantes y con esa escasa mayoría de un voto en el Senado de Puerto Rico, o un formidable equilibrista para poder mantenerse firme sobre la cuerda floja de nuestra política!

¡Tenía que ser una de las dos cosas o ambas, pues la mayoría obtenida en los comicios no fue decisiva!

RENUNCIA: CARTA AL PRESIDENTE ROOSEVELT Y "REVOLUCION" EN LAS URNAS

Siete días después del triunfo —por el tremendo carácter de nuestro jefe, quien aún exigía mucho, pero mucho trabajo, y poco, pero poco descanso— renuncié la "colocación". Escribí, nervioso, una nota para nuestro Presidente, y le supliqué a mi compañera *Rafín* que se la entregara tan pronto lo viera. Y me retiré para la habitación que entonces yo tenía en el tercer piso del edificio situado en el número 27 de la calle Cruz, en nuestra capital.

Allí, al atardecer del 12 de noviembre de 1940, Erasmo me sorprendió haciendo la maleta para, como un aventurero al fin, disponerme a correr sabía Dios qué nuevo albur. Así me habló Erasmo:

—El viejo leyó la nota y mandó a decir que te dejaras de esas cosas y que te prepararas inmediatamente, pues vamos a pasar una temporada en la Isla.

Aunque reflexioné un poco, decidí volver a la trinchera para seguir dando mis humildes esfuerzos a la obra comenzada.

Aquella misma noche nos trasladamos al pueblo de Cidra, donde el puertorriqueño don Basilio Nieves y el americano Ellsworth habían triunfado en toda la línea.

Fuimos a vivir a la entrada de la carretera que conduce a *Treasure Island:* Muñoz Marín y la pequeña familia en una pequeña casa situada detrás de un viejo ranchón donde el señor Ellsworth guardaba y empaquetaba piñas y otros frutos cosechados en aquellas inmediaciones, y nosotros —Erasmo o Virgilio (según el turno de trabajo) y yo— dentro de ese mismo ranchón.

Las elecciones generales del cinco de noviembre de 1940, que llevaron al Partido Popular Democrático —el "Partido de los Pobres"— al poder político en Puerto Rico, constituyeron una muy eficaz lección de democracia. Tres meses más tarde (en febrero de 1941) comenzaría el pueblo, a través de sus senadores y representantes en la Legislatura, a ejercitar su fuerza dominante sobre el gobierno político del país.

La gente humilde y común, de inteligencia natural, rápidamente aprendió la instrucción y patentizó el conjunto de los diversos conocimientos adquiridos al usar en las urnas eleccionarias —en una revolución desteñida en sangre— sus votos libres y limpios. Entonces, por medio de leyes beneficiosas aprobadas en la Legislatura y puestas en vigor por un ejecutivo que sentía gran simpatía por el pueblo sufrido y por el influyente líder popular que impartió la lección democrática, la gente empezaría a recorrer el largo camino de su redención económica y social.

Ese era uno de los sueños que Muñoz Marín, en su paso por la vida, quería ver realizado: la redención de la gente destituida de ayuda, de los conciudadanos dejados sin amparo, con justicia por igual para todos, sin distinción de ideologías políticas.

Ante Dios, según decía el máximo líder del Partido Popular, "todos somos iguales", y ante los hombres, acá en el planeta Tierra —en uno de los "tres mundos" (el del sentido común) del que Muñoz Marín hablaba desde la cátedra del *Ford* y en una democracia, el voto del pobre vale lo mismo que el voto del rico.

El pueblo adquirió el conocimiento que se le ofreció durante la recia campaña que, sin recursos económicos, pero con veneración y celo patrióticos, comenzó en el 1938, y en donde se lanzó, a los cuatro vientos, el famoso grito de combate "¡Vergüenza contra dinero!"

Esa gente humilde no perdió tiempo en aplicarles la enseñanza democrática, en 1940, a todos los dirigentes políticos de nuestro país. Estos ya saben, de una vez y para siempre, que el velo de la ignorancia se rasgó y que los hombres y mujeres de nuestros campos y pueblos aprendieron bien la instrucción o la doctrina de que el voto —su arma democrática— no se vende.

La incesante y efectiva prédica de Muñoz Marín y los demás líderes populares le descargó un golpe mortal a la ignominiosa tradición o costumbre —de comprar votos— que tenían en Puerto Rico los que se creían ser invencibles, poderosos y seres superiores.

Sobre la trascendental importancia de esa lección democrática Muñoz Marín me dictó el doctrinario "Discurso de la Victoria", de hondos conceptos filosóficos, que dirigió a sus amigos, compañeros y compatriotas, y que pronunció por radio el día 16 de noviembre de 1940. Ese fue un didáctico discurso que seguramente pasará a las luminosas hojas del libro en donde se registra el veraz relato de los acontecimientos del pasasdo.

Todavía resuena en mis oídos el eco de estas últimas 12 palabras de aquella alocución cuajada de gran filosofía moral:

"¡El sol del seis de noviembre llegó quemando sogas y derritiendo cadenas!"

En la mañana del 28 de noviembre, y en su habitación del mirador del edificio de *La Democracia*, Muñoz Marín me dictó una importante carta, el contenido de la cual solamente él lo revelaría cuando lo creyera conveniente, bien en manifestaciones en la Prensa, bien durante cualquier campaña electoral o bien en un libro de memorias o de documentos históricos. Sólo me limito a señalar el hecho de que se escribió esa comunicación y que iba dirigida al presidente Franklin D. Roosevelt. Por muchos días estuvieron los muchachos de la Prensa tratando, en vano, de averiguar qué decía aquella carta. Esta le fue entregada por el propio Muñoz Marín ese mismo día 28, a bordo del vapor *Borinquen*, al honorable William D. Leahy —hasta esa fecha Gobernador de Puerto Rico— cuando éste embarcaba hacia el norte con el propósito de ver al Presidente Roosevelt y seguir luego rumbo a Europa, pues se le acababa de nombrar Embajador de los Estados Unidos ante el Gobierno de Vichy, Francia.

El almirante Leahy tuvo la cortesía de recibir aquel documento y de entregarlo al Primer Magistrado de la Nación.

Después volvimos a Cidra.

Como lo que en noviembre aconteció en las urnas fue a manera de una "revolución", las autoridades policíacas, velando por la seguridad personal del Presidente del Partido Popular Democrático, instruyeron a los detectives Andrés Colón y Juan Miranda, y al policía de Cidra —Gregorio Rosario (esposo de la telegrafista doña Nemesia López)— para que "guardaran las espaldas" del ilustre líder. También el amigo Teodoro Gómez se unió a esos agentes para cooperar en la estrecha vigilancia.

Allí, en aquella modesta residencia situada a la entrada de la carretera que lleva hasta *Treasure Island*, alejado del ruido pueblerino, por espacio de dos meses estuvo el Presidente del Partido Popular dando forma a trascendentales proyectos de ley que, para dar fiel cumplimiento a lo ofrecido al pueblo antes de las elecciones, serían presentados en la primera sesión ordinaria de la Décimoquinta Asamblea Legislativa de Puerto Rico.

LA "VITALIDAD INMORTAL DE LA DEMOCRACIA"

Un día antes de embarcar hacia Estados Unidos el gobernador Leahy había expedido una proclama designando oficialmente el lunes, 16 de diciembre de 1940, como "Día del Presidente Franklin D. Roosevelt en Puerto Rico". En dicha notificación pública extendía una amable invitación a los habitantes de nuestra Isla, sin distinción de creencias políticas o religiosas, para que cooperaran en la observación del referido día y también para que en cada pueblo se verificaran actos públicos "dedicados a la exaltación de las altas ejecutorias del Primer Magistrado de la Nación y especialmente las que se refieren a su política de Buen Vecino".

En el homenaje que en Barranquitas se le rindió al ilustre estadista

Muñoz Marín pronunció un conceptuoso discurso. Este comenzó así:
"No estamos aquí hoy meramente para ofrecer adhesión y expresar admiración a un funcionario alto y a un hombre que admiramos. No es eso, profundamente, lo que motiva este homenaje panamericano al Presidente Roosevelt. El funcionario tiene nuestra adhesión, el hombre ha merecido nuestra admiración. Pero la solemnidad del momento arraiga en que el acto de hoy es la voz de la democracia declarando su voluntad de persistir en el mundo y haciendo adhesión al sueño —que en los fuertes de espíritu es propósito— no solamente de continuar siendo, sino de ser cada día más digna de la grandeza humana y cristiana que el propio nombre de la democracia implica y a la que el propio nombre de la democracia obliga.

"El homenaje que se rinde hoy al significado de este momento histórico, hecho símbolo en la persona del presidente Roosevelt, más que un homenaje de hombres en Puerto Rico a un hombre en el Norte, es recordatorio del homenaje —el mayor posible— que ya le rindió el pueblo de Puerto Rico a la idea simbolizada por ese hombre hace más de un mes, al actuar libremente de acuerdo con su voluntad democrática. Ese es el mayor homenaje: un pueblo dándole realidad efectiva al ideal que representa el hombre que homenajeamos, demostrando, al hacer valer la democracia por sobre una tradición adversa, y en desafío de todos los obstáculos, la vitalidad inmortal de la democracia. El homenaje del pueblo sufrido de Puerto Rico, al hacer valer profundamente la democracia en Puerto Rico, llega más cerca del corazón del gran líder de la democracia en América que el homenaje de potentados y magnates. No es un homenaje de pompa y poderío. Es homenaje de la confianza, humilde y fuerte, de la gente sencilla que ha sabido entender la democracia..."

Homenaje en Barranquitas en el "Día de Roosevelt".

CARTA DEL PRESIDENTE ROOSEVELT

Pocos días antes de morir diciembre en brazos del 1941, a manera de un obsequio de Pascuas, el jefe máximo del Partido Popular recibió la réplica a la carta que le había remitido al Presidente de los Estados Unidos. Como venía marcada con la palabra "Personal", —escrita con tinta por el propio Presidente Roosevelt en la parte superior izquierda—, Muñoz Marín comprendió que no debía publicarla.

Solicitó la correspondiente autorización. Le fue concedida por el Presidente. Entonces, traducida al español, fue entregada a la Prensa la importante comunicación, que fue considerada por el liderato popular como "el documento más sincero, diáfano y prometedor jamás enviado por un Presidente de los Estados Unidos a un líder político de nuestra Isla".

La referida carta se transcribe a continuación:

The White House
Washington
Diciembre 16, 1940

Personal
"Mi querido Senador Muñoz Marín:
"Deseo darle las gracias por su muy bondadosa carta de octubre 28* en la que me extiende su felicitación por los resultados de la reciente elección.

"Los propósitos del Partido Popular Democrático según usted los ha delineado son altamente dignos de encomio, y deben tener por resultado condiciones sociales y económicas vastamente mejoradas para la Isla. Aprecio especialmente su promesa de cooperación y le aseguro que esta Administración está dispuesta a hacer todo lo que esté en su poder para ayudar a encontrarle solución a los problemas de Puerto Rico.

"Permítame extender a usted mis mejores deseos para su éxito.
"Sinceramente suyo,
Franklin D. Roosevelt".

UN DESMAYO

A mediados de enero de 1941 iniciamos en Cidra el regreso a la capital, estableciendo Muñoz Marín su residencia por la Parada 10, de Santurce.

Los líderes de la Unificación Tripartita Puertorriqueña, en una asamblea celebrada el domingo, dos de febrero de ese año, en Humacao —ciudad llamada la Sultana del Oriente—, acordaron, cuando llegara el momento de procederse a la organización y constitución de la Cámara de Representantes, que sus tres legisladores cooperaran estrechamente con los 18 representantes del Partido Popular. y sumaran a éstos sus votos en respaldo del programa de justicia social y económica de este Partido.

Los tres legisladores de la Unificación eran los señores Rafael Rodríguez Pacheco, Julio Reguero González y Gaspar Rivera.

Los 18 representantes del Partido Popular eran los siguientes señores:

María Libertad Gómez, Ernesto Ramos Antonini, Samuel R. Quiñones, Carmelo Rodríguez García, Lino R. Corretjer, Julio A. Santos, Eudaldo Báez García, José Soltero, Luis A. Negrón López, Luis Sánchez Frasqueri.

Y también Leoncio Santaella León, Juan Bennazar Rioutot, Car-

---

*Es evidente que, según se desprende de la carta, el Presidente Roosevelt se estaba refiriendo a la comunicación de Muñoz Marín de noviembre 28 y no de "octubre 28", como aparece arriba, sin duda debido a un error clerical.

melo J. Gorritz, Elmer M. Ellsworth, Pedro A. Cordero Pérez, Santos García Ruiz, Cruz Ortiz Stella y Jesús T. Piñero.

El mencionado programa del Partido Popular Democrático estaba encarnado en las leyes fundamentales que esta agrupación política le había ofrecido al pueblo antes de las elecciones.

Por otro lado, nuestros líderes locales, a través de la Isla, estaban haciendo diversos preparativos para concurrir en febrero diez de 1941 a la sesión inaugural de la nueva legislatura. El entusiasmo se enseñoreaba por doquier. El pueblo, con mucha ansiedad, esperaba su gran día. Tanto los moradores de las ciudades como los de los barrios rurales se preparaban para aplaudir hasta el delirio, en el Capitolio, a los legisladores del Partido Popular cuando éstos se dispusieran a prestar el juramento de fidelidad prescrito por la ley.,

Todavía en las primeras horas de la mañana de la víspera de dicha sesión Muñoz Marín no había seleccionado a la persona que debía elegirse para Sargento de Armas del Senado de Puerto Rico. Muchos amigos habían solicitado la codiciada plaza, pero aún no aparecía "el hombre para ella".

Y llegó la tarde. Muñoz Marín, Géigel Polanco y Quiñones, en la residencia del primero, estaban muy atareados, ultimando todos los detalles y haciendo los correspondientes aprestos para el día siguiente.

El amigo Jesús Benítez, quien se había designado para el cargo de Secretario de Muñoz Marín, empezó a cooperar activamente, realizando numerosas diligencias en cumplimiento de ciertas órdenes.

Se me empezó a dictar el "Memorándum para la Sesión Inaugural". De pronto, surgió una interrupción. Se acababa de recibir una carta de don Benigno Fernández García, recomendando muy eficazmente, para ocupar la plaza de Sargento de Armas del Senado, a don Cruz Pacheco Ruiz. Al leerla, Muñoz Marín, lleno de júbilo, exclamó:

—¡Ese es el hombre que necesitamos: Cruz Pacheco Ruiz!

Ordenó acto seguido que se le fuera a avisar. Desafortunadamente, allí todos ignorábamos dónde residía don Cruz. Se hicieron diligencias por conseguirlo. Fueron en vano. Entonces, como nadie había dado con "el hombre", se agotó el último recurso: dar en *El Mundo* la noticia de su designación.

Así se hizo.

Cuéntase que, a la mañana siguiente, cuando, en el momento del desayuno, la señora Emilia R. de Pacheco —esposa de don Cruz— leyó la referida noticia, fue tal su sorpresa o su alegría... que se desmayó.

Cruz Pacheco Ruiz

LA ENTRADA DEL PUEBLO EN ESCENA

A su paso por el mundo el inexorable tiempo dejó caer el día que todos esperábamos: el diez de febrero.

El majestuoso Capitolio, luego de haber apuntado el alba, empezó a ser invadido por miles de personas, de todas las clases sociales, que deseaban presenciar el grandioso acto de la entrada del pueblo en escena.

En el hemiciclo del Senado, mientras Antonio Villamil captaba en sus aparatos las escenas más impresionantes, los periodistas hacían sus apuntes y los redactores gráficos se situaban en los puntos más estratégicos, el conocido comentarista de la radio —don Francisco Acevedo—transmitía a todo el pueblo de Puerto Rico, a través de los micrófonos de la emisora WKAQ, hasta el mínimo detalle de aquella histórica sesión inaugural.

Como a las 11:00 de la mañana, con pasos rápidos y firmes, y entre las estruendosas aclamaciones del público poseído de alegría, 11 hombres irrumpieron en el Salón de Sesiones: estos diez —senadores Luis Muñoz Marín, Vicente Géigel Polanco, Francisco M. Susoni, Juan Dávila Díaz, Santiago R. Palmer, Domingo Bonet Santos, Felipe Colón Díaz, Ramón Barreto Pérez, José N. Berríos Berdecía y Lorenzo Ysérn Aponte— y este humilde autor. Yo portaba el discurso que media hora después pronunciaría el señor Muñoz Marín.

Senado de Puerto Rico, 10 de febrero de 1941: "...el grandioso acto de la entrada del pueblo en escena".

Cuando, con el propósito de que cada senador prestara el correspondiente juramento de ley, el Secretario saliente —señor Enrique González Mena— mencionaba el nombre de cada uno, los espectadores le tributaban un aplauso ensordecedor. Pero cuando pronunció el nombre de *"Luis Muñoz Marín"*... ¡aquel edificio de mármol quiso venirse al suelo!

Al apagarse el estallido del último aplauso se hicieron las nominaciones para la elección del *Presidente del Senado* y se llevó a cabo el escrutinio. Y cuando el Secretario anunció que la elección había recaído en el señor Muñoz Marín ¡volvió a temblar el Capitolio!

En ese instante el líder de Ponce —don Andrés Grillasca—, con el ánimo profundamente conmovido, corrió, como un rayo, a abrazar a Muñoz Marín. ¡Poco faltó para ahogar entre sus brazos a "la esperanza" de los puertorriqueños!

Los frenéticos aplausos y las tremendas ovaciones no cesaron hasta que se designó una comisión de senadores para que acompañaran al gran líder a la mesa presidencial y hasta que Muñoz Marín dio aquel formidable primer malletazo que hizo añicos el crital. Yo, que estaba sentado a su diestra, ¡por poco quedo ciego al entrar *el pueblo* en escena!

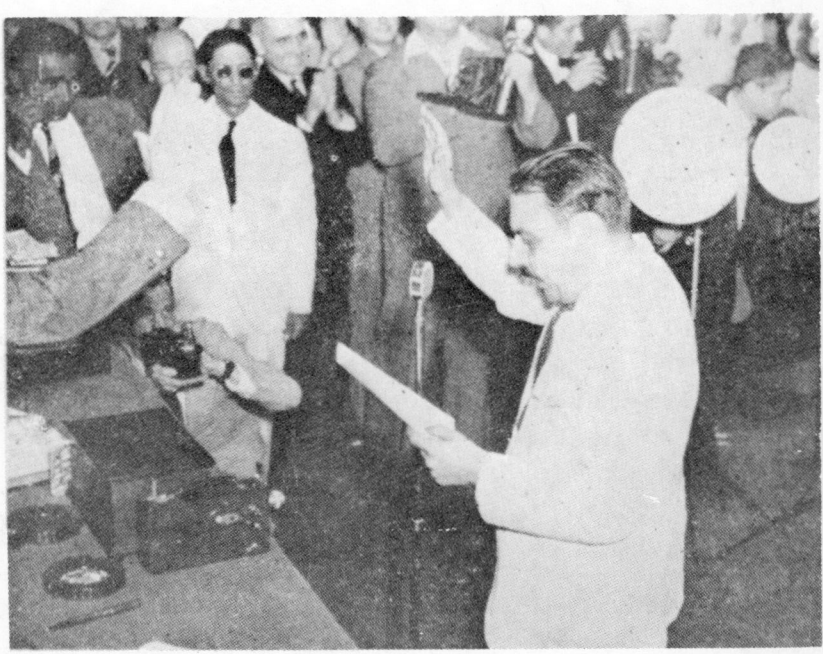

Capitolio de Puerto Rico, 10 de febrero de 1941: Don Luis Muñoz Marín prestando juramento como Senador.

DISCURSO DEL SEÑOR MUÑOZ MARIN AL SER ELEGIDO PRESIDENTE DEL SENADO

Fue una arenga de bastante extensión, imponente y de principios doctrinales la que profirió el honorable Luis Muñoz Marín cuando fue elevado a la Presidencia del Senado de Puerto Rico. Como creo que podría causar cansancio a los lectores si la transcribo con integridad me limito a copiar los párrafos iniciales, en primer término, y a transcribir después porciones que considero notables y solemnes.

El razonamiento comenzó del siguiente modo:

"Compañeros del Senado, conciudadanos todos:

"Agradezco profundamente el honor que acaba de conferirme el Senado de Puerto Rico. Trataré de ser digno de él y de la confianza del pueblo que me ha traído a este sitio, sitio que considero de alto honor por ser sitio de trabajo y creación.

"Trataré también, en mis funciones como oficial Presidente de este Cuerpo, de estar a la altura en que siempre se mantuvo, al presidir las sesiones del Senado, mi distinguido predecesor don Rafael Martínez Nadal. Siempre recordaré con cariño y con gran admiración el espíritu de liberalidad y de respeto al derecho de los Senadores que siempre observé en don Rafael durante mi anterior período en el Senado. Será para mí un orgullo y una satisfacción el poder presidir estas sesiones con el mismo amplio espíritu de justicia para los Senadores y de tolerancia y de estímulo para la libre expresión de las ideas que caracterizó, en esta silla, el Presidente de la Unión Republicana, lo mismo que antes el ilustre Presidente de la Unión de Puerto Rico, don Antonio R. Barceló.

"La causa fundamental que nos ha traído a este sitio, en esta situación, es la capacidad natural de nuestro pueblo para entender lo que significa la democracia. La rápida comprensión por parte de la masa de nuestro pueblo, en campos y poblaciones, de su misión y de su poder dentro de los principios de la democracia ha sorprendido a muchos puertorriqueños que no creían en nuestro pueblo porque habían dejado de creer en ellos mismos. Y ha sido causa de admiración lejos de las playas de Puerto Rico, hacia el norte y hacia el sur. Me siento confiado en que, con la cooperación de todos, tanto en la Cámara como en este Senado, se hará cada día más efectiva la educación democrática de nuestro pueblo.

"Durante la discusión pública que precedió a las elecciones se discutieron problemas económicos y sociales básicos de nuestro país. Pero eso por sí solo no hubiera tenido muy profundo significado: hubiera querido decir que líderes de opinión de Puerto Rico se preocupaban por esos problemas y deseaban plantearlos ante el pueblo. Lo que le ha dado importancia vital a esa discusión de los problemas de Puerto Rico es el aprendizaje increíblemente rápido que llevó a nuestro pueblo, a la masa de nuestro pueblo, a participar en la consideración de los problemas, a dar su decisión y a establecer su mandato. Los observadores imparciales de este acto de nuestro pueblo, conocedores de las circunstancias y de los obstáculos que hubo de vencer nuestro pueblo para poner en 'récord' su voluntad, acostumbrados a valorar todos los factores de la realidad —entre los cuales el juego de números y cifras es solamente uno—, están contestes en que los meros números, de por sí elocuentes, no revelan ni remotamente el hondo y decisivo cambio que ha ocurrido en la conciencia democrática del pueblo puertorriqueño.

"Es nuestro más claro deber —como puertorriqueños y como miembros de toda una civilización, de todo un estilo de vida que se defiende— continuar esta educación democrática. He creído que ninguna ocasión hay mejor que ésta que nos reúne hoy para continuar, en su segunda etapa, la educación democrática de nuestro pueblo. La primera etapa, que terminó el día en que nuestro pueblo emitió sus votos, fue de explicación sobre la teoría y la naturaleza de la democracia y sus consecuencias prácticas. La segunda etapa ha de ser de ejemplo y demostración. El pueblo aprendió el valor de sus votos; el pueblo supo hacer obra con sus votos. A nosotros —al Gobierno de que formamos parte— nos toca saber hacer obra con los votos del pueblo y de acuerdo con la voluntad del pueblo. Del uso que le demos nosotros a los votos del pueblo dependerá no solamente la solución de problemas y el alivio de males, sino la educación democrática de Puerto Rico. Por un período de años el pueblo nos ha dado el uso de sus votos, o sea, ha depositado en nosotros su voluntad para que la utilicemos como fuerza para su aspiración de justicia. El utilizarla debidamente será enseñanza que los vaivenes del futuro jamás podrán borrar de la conciencia de las gentes que sufren, trabajan y sueñan en esta Isla. ¡Esa es nuestra responsabilidad, gloriosa y grave, en este momento!

"La tercera etapa en la educación democrática, que es la definitiva, comenzará en el momento en que nuestro pueblo empiece a sentir en sus vidas el efecto práctico de las leyes y las acciones de gobierno que se aprueben y se lleven a efecto como resultado de la voluntad popular. La tercera etapa en la educación democrática se desarrollará en todo ese período en que se vaya balanceando la aspiración, el sueño, la necesidad de justicia del pueblo, con la realidad práctica, creciente, de esa justicia; en todo ese período en el que, por obra del mandato democrático —si todos lo cumplimos, si ninguno de nosotros lo obstaculiza—, la esperanza nacida del dolor se vaya convirtiendo —lentamente, pero seguramente— en la realidad nacida de la justicia y del respeto a la democracia. ¡Esa es nuestra responsabilidad, gloriosa y grave, en este momento!"

Debo entresacar de entre las dos docenas de párrafos del doctrinario discurso del señor Muñoz Marín cuando fue nominado para Presidente del Senado, y para cumplir lo prometido, las notables partes que transcribo a continuación:

Sobre "los propósitos que se discutieron ante el pueblo y que el pueblo hizo suyos con sus votos, y explicar una vez más el funcionamiento de nuestro gobierno como instrumento legislativo y ejecutivo de la democracia con relación a esos propósitos encarnados en el mandato del pueblo";

Cómo estructurar "el flujo democrático de la voluntad del pueblo, desde el momento en que emite sus votos hasta el momento en que empieza a sentir en sus vidas el beneficio de las leyes y actuaciones que, bajo los principios de la democracia, deben ser resultado de esos votos";

Cómo, dentro de los principios de la democracia, "el pueblo debe dar sus votos, no por costumbre de pertenecer a un partido, no por complacer a un amigo, no por ceder a una amenaza, no por sucumbir a un soborno, sino para que se cumplan los propósitos que el pueblo cree necesarios para su justicia";

Cómo debe el pueblo, en esa etapa del proceso democrático, cumplir "su misión": "Y esa misión es la de vigilarnos a nosotros los hombres que formamos gobierno debido a los votos del pueblo";

Qué debe hacer el pueblo:

"¡En alguna tabla del seto de todos los bohíos de Puerto Rico y de todos los hogares en Puerto Rico debe haber un sitio donde cada ciudadano sencillo apunte los nombres de aquellos de nosotros que seamos obstáculos a que se cumpla la voluntad del pueblo y a que se aprueben por esta Legislatura las medidas de justicia y de mejoramiento a favor de las cuales el pueblo votó en las elecciones!"

Y ¿qué se debe hacer?:

"Dentro de cuatro años posiblemente muchos de nosotros volveremos a ser candidatos; posiblemente los mismos partidos volverán a solicitar los votos del pueblo. Dentro de cuatro años cada hombre y cada mujer, cada ciudadano debe votar según le diga esa tabla en el seto de su casa, según lo que tenga apuntado en esa tabla. Ella le dirá quiénes quisieron ayudar a su justicia y quiénes quisieron retardar o destruir su justicia. Si el pueblo no vigila de ese modo a su Gobierno, si el pueblo no anota los obstáculos voluntarios que se presenten en la ruta de su justicia, si el pueblo no se guía por el resultado de esa vigilancia, de esa anotación, entonces el pueblo no estará contribuyendo plenamente a la práctica de la democracia que es la defensa fundamental de su justicia".

La última porción del solemne discurso del señor Muñoz Marín es la siguiente:

"A través de los propósitos claramente ordenados por el pueblo en las elecciones, a través de legislación específica que busca la ruta de realización de esos propósitos, a través del tráfago de su espíritu y de su entendimiento en el uso de la democracia, el pueblo de Puerto Rico lo que necesita, lo que reclama, con lo que se conforma, es con lo que se reduce a estas dos palabras: trabajar y vivir; trabajar en honrado esfuerzo y en oportunidad razonable; vivir en modesta seguridad y dignidad de alma. Trabajar más para él, menos para otros. Vivir más segura, más plenamente. Trabajar en su tierra, crear su industria, no pagar tributo por su hambre, poder ver más claro el porvenir de sus hijos.

"A estas cosas tan modestas; a estas cosas que, en nuestro lenguaje puertorriqueño, no son ninguna gollería; a estas cosas sencillas a las que casi podríamos llamar el mandato mínimo de Dios para sus criaturas; a estas cosas que no pueden regatearse, aspira el pueblo de Puerto Rico.

"Y la democracia, la nuestra y la del presidente Roosevelt y la del pueblo americano y la de los hombres libres a través del mundo, es el arma de su ensueño limpio y de su demanda firme. Esa arma está hoy en nuestras manos, en manos de todos los creyentes en la democracia. Somos responsables de que se use en defensa del pueblo, al que le pertenece.

"Al pueblo, en campos y poblaciones, le dije antes del cinco de noviembre: '¡Que Dios los ilumine!'. Ahora, humildemente ante el Todopoderoso, sólo me resta decir: '¡Que Dios nos ilumine a nosotros!' "

ORGANIZACION Y CONSTITUCION DE LOS CUERPOS LEGISLATIVOS

Al terminar su discurso, el Presidente manifestó que estaba en orden la elección del Presidente Temporero, del Secretario y del Sargento de Armas del Senado. Se hizo la nominación en cada caso y se procedió a la votación secreta, siendo proclamados, respectivamente, entre ruidosos aplausos y exclamaciones de júbilo, el Senador Francisco M. Susoni y los señores Yldefonso Solá Morales y Cruz Pachecho Ruiz. Estos prestaron entonces, ante el Presidente del Senado, el juramento marcado por la ley.

Acto seguido, y a proposición del senador Géigel Polanco, — quien desde ese momento comenzaba a actuar como portavoz de la mayoría del Partido Popular en aquel Alto Cuerpo—, fue designada una comisión de senadores para que visitara la Cámara de Representantes —que se había constituido con el Licenciado Samuel R. Quiñones como Presidente, el Licenciado Víctor Gutiérrez Franqui como Secretario y el señor Germán Rieckehoff como Sargento de Armas—. La referida comisión, después de extenderle un cordial saludo a la Cámara de Representantes, llevaba la encomienda de manifestarle lo que a continuación se expresa:

(1) Que el Senado estaba organizado en forma legal y debidamente constituido;

(2) Que le deseaba a la Cámara de Representantes el mejor éxito en sus trabajos legislativos y declaraba que era su propósito laborar por que ambos cuerpos se desenvolvieran con toda cordialidad y con un gran espíritu de cooperación a fin de trabajar eficientemente por los intereses de Puerto Rico y cumplir los solemnes compromisos contraídos con el pueblo según correspondía a toda legislatura democrática; y

(3) Que la comisión así designada formara parte de la Comisión Conjunta de ambas cámaras que habría de visitar y saludar al Gobernador de Puerto Rico —honorable Guy J. Swope— y le informara que la Legislatura estaba dispuesta a recibirle para oír la lectura de su mensaje.

En esa forma, pues, quedaron aquellos dos cuerpos legislativos legalmente organizados y constituidos para dar principio a sus trabajos en aquella inolvidable Primera Sesión Ordinaria de la Décimoquinta Asamblea Legislativa de Puerto Rico.

APROBACION DE LEYES FUNDAMENTALES OFRECIDAS AL PUEBLO

Ese año, en la Legislatura, y haciendo buena la empeñada palabra de su presidente, el Partido Popular Democrático aprobó las leyes fundamentales que ofreció al pueblo. Fuera de la Legislatura, siguió esbozando planes, y estudiando y preparando nuevos proyectos de ley que, en posteriores sesiones legislativas, habrían de instrumentar su programa de justicia social y económica. Pero también sacábamos algún tiempo para divertirnos.

No todo podía ser trabajo.

Nuestro presidente, tal vez con la idea de que sus empleados estuvieran en excelentes condiciones físicas para la próxima campaña electoral o quizá para que no se consumieran de tedio, o tal vez por aquello de que los gustos y los pesares debían alternarse, organizó en el Senado una decena de sóftbol para enfrentarla a otra del Departamento del Interior.

El compañero Luis Laboy se puso en movimiento y adquirió el equipo necesario. En las primeras horas de la mañana de cada domingo, en un terreno repleto de hoyos y cubierto por incontables gazpachos de coco, en el kilómetro seis de la carretera de Isla Verde, —a pocos metros de la residencia de nuestro presidente—, nos dábamos cita allí, entre otros, Muñoz Marín, Sergio Cuevas, Solá Morales, Roberto Sánchez Vilella, Laboy, Raúl Gándara, Juan Vázquez, Erasmo, Virgilio, Rafael Rivera Morales y este autor.

Los comentarios de los espectadores movían a risa.

Uno decía:

"En la defensa de la primera almohadilla *El Vate* puede decirle *tú* a Samuel Céspedes".

Otro comentaba:

"Y si bueno es, en el Capitolio, con el mallete en la mano, así también lo es, en Isla Verde, con el madero al hombro".

Y otro, yendo más lejos aún, exclamaba:

"¡Es una lástima que don Pepe Seda no esté aquí ahora con el fin de contratar a don Luis para que juegue en las grandes ligas de los Estados Unidos!".

10 de Febrero de 1941 (Sesión inaugural de la legislatura): Los Senadores Populares disponiéndose a cumplir la palabra dada al Pueblo.

CANTANDO, RIENDO Y LLORANDO

El año 1942 fue uno muy borrascoso.

El 31 de marzo, en el hemiciclo del Senado, e inspirado por una comunicación que el Tesorero de Puerto Rico —Licenciado Rafael Buscaglia— le había remitido en conexión con supuestas irregularidades en la aprobación de proyectos relacionados con los impuestos sobre la gasolina y otros productos derivados del petróleo, Muñoz Marín hizo una violenta acusación a miembros de su propio partido. Denunció enérgica y valientemente lo que, de primera intención, al primer golpe de vista, él honradamente creyó que era "una conspiración monstruosa y criminal para robarle cuatro millones de dólares al pueblo de Puerto Rico".

Debido a esa impetuosa acusación los empleados de la Presidencia del Senado y de otras oficinas del Capitolio trabajaron fuertemente. En muchas ocasiones sus labores se extendían hasta altas horas de la noche. Esos empleados eran mis buenos compañeros Tita Santiago, *Encarnita*, *Rafín*, Lucila Mercado, Lela Isérn, Carmen Velázquez, las hermanas Carmen Belén y Margarita Díaz, *Monsita* Amorós, Luis Laboy, Luis Díaz Caballero, Juan Vázquez, Benito de Jesús, Joaquín Viñas, Ramón Ortiz, Justino Quijano y mi hermano Hipólito Córdova.

¡Parece que estoy viendo, al quebrar del alba, desnudo de la cintura para arriba, al compañero Juan Vázquez hala que hala y dale que dale al aspirador de polvo en su afán de dar brillo a la roja alfombra de la oficina de nuestro presidente!

En cuanto a mí, por ser uno de los taquígrafos de récord designados por la Comisión Legislativa que se encargó de la depuración de responsabilidades y de investigar la mencionada acusación, y por ser, además, el taquígrafo personal del Presidente del Senado, me vi compelido, para cumplir con tantas obligaciones, a trabajar un promedio de 20 horas diarias por espacio de unos siete meses consecutivos. Los otros taquígrafos eran Francisco Vergés Pacheco, Lucas Nazario, Manuel Echevarría, Francisco Guzmán y Ernesto Miranda.

Y como si hubiera sido poco el peso que tenía sobre mis hombros, también, para colmo y remate de mis penas, estaba soportando, en silencio, la enorme carga de una insostenible situación económica.

Mis íntimos familiares y yo, durante aquellos terribles años de 1938, 1939 y 1940, cuando mi jefe bailaba el pelado y no podía pagar mis servicios—, no vivíamos del aire y, naturalmente, me vi obligado a contraer numerosos compromisos.

No bien puse un pie en la Casa de las Leyes, y afirmé el otro, los acreedores, como si se hubieran puesto de acuerdo, se me abalanzaron encima. ¡Me acribillaron! No quedó otro remedio, para contenerlos un poco, que vender por adelantado mi primer cheque, y luego todos los demás, "enredándome" entre los brazos de una amable prestamista de cabellos de oro.

Con todo ese fardo de tribulaciones a cuestas seguí mi constante lucha, pero siempre con la idea de que cualquier día, al correr de tres o cuatro años, mi resistencia tendría que deteriorarse.

Mientras tanto, como el "tren de carrera" de Muñoz Marín era muy fuerte, ya no encontraba secretario que lo resistiera. ¡Creo que fue por eso que una vez nuestro presidente obscureció con Jesús Benítez como Secretario y lo sorprendió la primera luz del día con Guitérrez Franqui; y otra vez anocheció con éste y la aurora lo encontró con don Julio A. Pérez!

Al amanecer del 11 de septiembre de dicho año, después de largas horas de constante teclear sobre la máquina de escribir, dejé diversas copias de un récord taquigráfico sobre el escritorio de Julio Pérez para que éste, al otro día, las distribuyera de acuerdo con determinadas instrucciones. Mas a pesar del cansancio, le escribí un extenso memorándum en el que le explicaba lo que él debía hacer con otros trabajos que también le dejaba sobre la mesa, y, medio en broma y medio en serio, terminé así el referido memorándum:

"No sé si estoy moribundo, pero la cosa es que le he dejado un 'testamento'. A lo mejor lo estoy, porque sólo me quedan algunos pasos para internarme en 'la otra vida', pues no hay cuerpo que resista la lucha que llevo: Vengo por la mañana a la oficina. Almuerzo sobre uno de los aparatos del dictáfono pensando en los 'dos toques'* del timbre. No veo nunca el sol. No puedo salir a comer por cumplir todas las órdenes. Y, lo que es peor aún, para colmo y remate, bien por la noche o bien por la madrugada, como hoy, tengo que irme a batir con este trío poderoso:

"(1) *Dios*, pues parece que las nubes van a dejar caer toda el agua que pueden contener. Y no he tenido la previsión de Díaz Caballero, quien, como Chamberlain o don Epifanio Fernández Vangas, no suelta su paraguas.

"(2) *Hitler*, ya que tampoco puedo descansar después de 20 horas de trabajo, porque el racionamiento de gasolina no me lo permite (llegué a la oficina ayer viernes, a las 9:00 de la mañana y voy a salir de ella, si Dios permite, hoy sábado a las 5:00 de la madrugada). Y

"(3) *Eva Dimas*, porque me ha 'congelado' mis cheques: el del presente mes de septiembre de 1942; los siguientes de octubre, noviembre y diciembre, y el de enero de 1943.

"¿Quién sale victorioso luchando contra esos tres poderes juntos cuando no hay quien pueda vencer al primero? Este no me deja salir a la calle después de tanto trabajar. El segundo, si logro salir, me deja estacionado. Y el tercero, aunque el segundo me deje libre y cómodo, no me permite montar en un vehículo, porque con tres centavos en los bolsillos, y a esta hora, no hay quien se determine a abordar un autobús.

"Bien dice el bolero *Así es la vida:* que 'unos van cantando, otros van riendo y otros van llorando'."

---

*Muñoz Marín acostumbraba llamar a su secretario con un toque de timbre, y a su taquígrafo con dos.

CONSECUENCIAS DE UNA CONFERENCIA DE GEIGEL POLANCO

Yo esperaba, cuando los señores Muñoz Marín y Julio A. Pérez abordaran un avión en noviembre 30 rumbo a Washington, descansar un poco de la dura faena. Pero me equivoqué. Entonces fue que surgieron distintas situaciones políticas, como las que voy a mencionar, que obligaban al doctor Susoni —en su carácter de Presidente Interino del Partido— y a Solá Morales —como Secretario— a reunir constantemente a los miembros del Comité Central y a los del Comité Presidencial con el propósito de discutir y solucionar esas situaciones. Yo tomaba taquigráficamente los acuerdos de ambos comités.

Como se recordará, ya para ese tiempo (por haber sido Swope designado para ocupar un alto cargo en el Departamento del Interior de los Estados Unidos) el presidente Roosevelt había nombrado, para Gobernador de Puerto Rico, al honorable Rexford Guy Tugwell*. Por aquello de que los líderes de la Coalición lo consideraron como "un amigote" de Muñoz Marín, empezaron a atacarle desde todos los ángulos, y luego siguieron desarrollando una tremenda campaña en su contra encaminada a lograr la inmediata destitución del Primer Ejecutivo. El Partido Popular tenía que respaldarlo. Y, para esto, también tenía que enfilar sus baterías y hacer sentir el enorme peso de su fuerza ante nuestro país y ante las autoridades de Washington.

Por otro lado, con motivo de una conferencia dictada en la Universidad de Puerto Rico por el líder popular licenciado Géigel Polanco, —y en la cual, según se decía, se abogaba por el inmediato planteamiento del "status" político de nuestro país—, los adversarios echaron las campanas al vuelo y tomaron esa conferencia como pretexto para presentar ante el pueblo, como en una gran discrepancia, a los más conspicuos líderes de nuestro partido y conseguir el descontento y la desorientación entre el liderato y las huestes populares.

Claro está, antes de hacer declaraciones públicas con el objeto de paralizar las posibles confusiones entre otros líderes que estaban en simpatía con la idea del conferencista, el doctor Susoni creyó pertinente hacer dos cosas:

(1) Reunir al Comité Presidencial con el fin de hacer trascendentales declaraciones para la Prensa; y

(2) Sostener con Muñoz Marín una conversación por teléfono internacional con la intención de ponerlo al tanto de la situación existente y de la posición del Partido en el asunto del "status" político,

---

*El doctor Tugwell asumió la Gobernación el 19 de septiembre de 1941.

y, además, con la idea de conocer la opinión de Muñoz Marín sobre dicho tema.

Esa importante conversación telefónica entre los señores Muñoz Marín y Susoni se sostuvo, por espacio de 15 minutos exactos, durante la tarde del siete de diciembre de 1942. Yo fui designado para tomarla en taquigrafía, por una extensión del teléfono *San Juan 920*, en las propias oficinas de la Presidencia del Senado.

UN DOCUMENTO TRASCENDENTAL

Haciendo una tregua en la enconada campaña, y para tratar sobre la forma en que el "status" político de Puerto Rico debía decidirse, en la tarde del martes, dos de febrero de 1943, y en la oficina privada del Presidente del Senado, se reunieron estos tres líderes puertorriqueños: señores Luis Muñoz Marín, Celestino Iriarte y José Ramírez Santibáñez.

Por largo tiempo los observé allí exponiendo sus respectivos puntos de vista.

Entre tanto, en la oficina contigua —la del Secretario y demás empleados de la Presidencia del Senado— unos amigos, cuyos nombres mencionaré más adelante, esperaban ansiosamente que terminara la reunión de los "tres grandes" para saber en qué habían quedado.

Como a las 5:30 me dictaron un escrito de mucha importancia. Lo transcribí rápidamente. Cuando lo fui a entregar me acompañaron los indicados amigos. ¡No querían perderse la lectura de este histórico documento!:

DECLARACION DE DERECHOS Y PETICION DE JUSTICIA

"Para que quede enteramente claro que lo que más adelante solicitamos envuelve una cuestión de principios y no envuelve controversias transitorias locales, dejamos sentado que algunos de los firmantes respaldan la Administración del gobernador Tugwell mientras otros de los firmantes objetan a esa Administración. Lo que de aquí en adelante decimos nada tiene que ver con esa diferencia de criterios. En lo que de aquí en adelante solemnemente declaramos, nuestras voluntades están absolutamente unidas.

"Declaramos nuestra convicción de que el 'status' político de Puerto Rico debe decidirse. Declaramos nuestra convicción de que el 'status' político de Puerto Rico debe decidirse en consulta con, y por la voluntad de, el pueblo de

Puerto Rico mismo. Declaramos nuestra convicción de que esto está enteramente de acuerdo con las razones básicas por las cuales se está peleando la actual guerra, es parte fundamental del conjunto de principios que animan a los hombres libres en su determinación de lucharla hasta la victoria definitiva, y está consagrado por la afirmación anticolonial de la Presidencia de los Estados Unidos en la Carta del Atlántico.

"Habida cuenta de esta verdad, solicitamos del Presidente y del Congreso de los Estados Unidos que el 'status' político de Puerto Rico sea decidido a la mayor brevedad, si fuere posible ahora mismo, en consulta con, y por el voto libre de, el pueblo de Puerto Rico. El Presidente y el Congreso pueden tener la certidumbre de que si, por razones relacionadas con la mejor conducción de la guerra, consideran que esto se deba hacer al obtenerse la victoria y estructurarse la paz, a esa fecha aguardaremos en espíritu de paciencia fraternal.

"En el Congreso de Estados Unidos se ha presentado, y está ante su consideración, un proyecto de ley del comisionado residente señor Bolívar Pagán para que Puerto Rico tenga el derecho de elegir su propio Gobernador en mil novecientos cuarenta y cuatro. Respaldamos sin reservas este proyecto en lo que se refiere a ese derecho, solicitando que sea aprobado en esta misma sesión del Congreso con la enmienda de que la elección del Gobernador se lleve a efecto a la mayor brevedad posible después de aprobado el proyecto.

"Este es, a nuestro juicio, el deseo, la actitud y la voluntad unánimes del pueblo puertorriqueño, el cual, en sus distintos sectores políticos, tenemos el honor de representar.

"En el Capitolio, San Juan, Puerto Rico, a 2 de febrero de 1943.

Luis MUÑOZ MARIN
Presidente, Partido Popular Democrático
Celestino IRIARTE
Presidente, Partido Unión Republicana
José RAMIREZ SANTIBAÑEZ
Presidente, Partido Liberal Puertorriqueño"

Con la pluma de Luis Laboy quedó firmado ese trascendental documento, siendo testigos de la firma Géigel Polanco, Pacheco Ruiz, Julio A. Pérez, Laboy, Manuel Rivera Matos, Juan Luis Márquez, Teófilo Maldonado, J. Prados Herrero, Manuel Mariotta, E. Despiáu Bravo, Juan Vázquez y este autor.

En el preciso momento de la firma, y a petición del senador Géigel Polanco, los testigos nos levantamos de nuestros asientos. Con toda reverencia presenciamos cuando primeramente firmó don Luis Muñoz Marín, cuando le siguió don Celestino Iriarte y cuando, a la caída de la tarde, —exactamente a las 6:30 minutos—, don José Ramírez Santibáñez estampó su firma.

Después de aquella simbólica unión de voluntades cada líder se fue a refugiar en su trinchera.

EL GRITO DE "¡HACE FALTA UN HOMBRE...!" -- CAMBIO EN LA PRESIDENCIA DE LA CAMARA

Ya en el 1943 la atmósfera política estaba recargada en demasía.
Surgieron nuevos incidentes y problemas. Nacieron otras complicaciones.

Hubo momentos en que, para evitar que fuera paralizada la buena obra que en la Legislatura se estaba haciendo a favor del sufrido pueblo puertorriqueño, Muñoz Marín tuvo que abandonar el "trapecio", acorralar a la "diplomacia" y acusar públicamente, en la forma contundente en que él sabía hacerlo, a los que intentaban realizar aquella paralización.

Para esa época dos representantes unificacionistas, —Reguero González y Rivera—, no sé bien por qué motivos, empezaron a desviarse de las líneas "del pueblo". y tanto se apartaron que por poco echan a pique, al dejar de cooperar con los representantes populares, el programa de gobierno enderezado a llevar la felicidad al tantas veces explotado pueblo puertorriqueño.

Para el Partido Popular Democrático la situación en la Cámara de Representantes se estaba haciendo insostenible: ¡Sin los dos votos de los mencionados representantes no podía haber legislación!

Los 18 representantes populares y el otro unificacionista — Rodríguez Pacheco— no constituian mayoría.

Por lo tanto, hacía falta un voto: ¡un hombre que se compadeciera del dolor y la agonía de un pueblo y le tendiera la mano para que no sucumbiera en el negro abismo de una cruel desesperación! ¡Hacía falta un hombre, un voto! ¡Uno solo para echar a caminar la obra que, poco a poco, llevaría *pan, tierra* y *libertad para nuestros compatriotas!*.

Entonces fue que, en varios discursos consecutivos que pronunció por radio, desde el Capitolio, Muñoz Marín desgarró los aires lanzando a todo pulmón el grito aquel de: "HACE FALTA UN HOMBRE, UN SOLO HOMBRE, en la Cámara de Representantes, que dé SU VOTO para echar a caminar la obra del pueblo".

Su voz no se perdió en el vacío. Tuvo eco en un noble corazón. Se anidó en un alma de puros sentimientos. Resonó en la honrada conciencia de un hombre. ¡Y surgió el voto salvador del representante doctor Rafael Arrillaga Torréns, un socialista de verdad!

Entonces el honorable Ernesto Ramos Antonini, portavoz del Partido Popular en la Cámara de Representantes, con un elocuente discurso que fue muy aplaudido, logró también convencer a aquel par de representantes descarriados. Y éstos no tuvieron otra alternativa que volver sus pasos atrás y seguir respaldando la legislación beneficiosa al pueblo: ¡a ese pueblo que de tan cerca los estaba vigilando!

Luego, por esos mundos de Dios, voló el rumor de que los quemantes discursos de Muños Marín ¡por poco llevan a un representante hasta... el suicidio!

Para esos días de agitación política el genio organizador del dinámico amigo Julio Enrique Monagas empezó a entrar en funciones para redoblar la vigilancia y velar por la seguridad personal de nuestro presidente. Este comenzó a ser flanqueado por dos detectives: José Cortés y José O. Pontón. Y por los alrededores de la residencia de Muñoz Marín, en Isla Verde, siempre estaban a ojo avizor el "Cabo" Fernando Rodríguez Ríos y sus compañeros Patricio Rodríguez, Ramón A. Cruz, Lorenzo Vicéns, José Pacheco, Luis Aldamuy, Juan Cuevas, Ricardo Cansobre, Herminio Marcano y Ramón Alvarado.

Poco después se incorporaron al "temible escuadrón" Enrique Díaz Morales, Francisco Cruz Boyson y Pedro Rosado Cuevas.

Con esta formidable escolta, ¿quién, que se quisiera mucho, se atrevía a ponerle el cascabel al gato...?

Después se desató otra pequeña tempestad: se registró un cambio en la Presidencia de la Cámara. Por motivos que, algún día, otras personas más autorizadas que este autor darán a la publicidad, el honorable Samuel R. Quiñones fue irradiado de la presidencia de aquel Cuerpo. Y a ella subió el honorable Rafael Arrillaga Torréns: el hombre que, después, constantemente expuso su vida por defender los postulados de un partido —el Popular Democrático— que, a su juicio, estaba haciendo una obra de verdadero socialismo.

SOBRE "EL ROBO DE LOS CUATRO MILLONES DE DOLARES"...

"PEQUEÑECES, RIVALIDADES, EGOISMO, MISERIAS DE ALMA"

Si mucho se aplaudió al honorable Luis Muñoz Marín en febrero 10 de 1941 cuando ascendió a la Presidencia del Senado, mucho también se aplaudió al honorable Vicente Géigel Polanco cuando, en marzo 5 de 1943 y sobre el tan debatido asunto del "robo de los cuatro millones", pronunció en el hemiciclo del Senado el contundente discurso aquél que mató a pesadumbres a los líderes de la Coalición. A ésta la hizo culpable del mencionado "robo".

Hubo populares como Juan Vázquez, *Pepe* Torrado y Gervasio Dávila Díaz, mejor conocido como *Bacho* (Subsargento de Armas de aquel Alto Cuerpo), que durante largos minutos, —minutos que parecían siglos—, palmotearon hasta rabiar. ¡Así de quemante y de conceptuoso fue ese discurso que tomó taquigráficamente Vergés Pacheco!

Si no fuera por el hecho de que es muy extenso con mucho gusto, para preservar recuerdos, lo reproduciría aquí. Sin embargo, como algo que pertenece a la historia, es bueno repasar las frases aquéllas que el senador Géigel Polanco dijo cuando se refirió a la actuación de los legisladores que integraban la minoría coalicionista en el seno de la Comisión Legislativa de Responsabilidades:

MISERIA Y PODREDUMBRE MORAL

"Pero no para ahí la actuación desgraciada de estos señores de la Coalición. Ese clima de miseria, ese clima de infamia, ése clima de podredumbre moral, que por tantos años ha caracterizado la política puertorriqueña, se ha querido imponer en las deliberaciones de la Comisión Legislativa de Responsabilidades. A pesar de los largos meses que duró la investigación, y del afanoso empeño puesto por todos los miembros de la Comisión por allegar cuanta evidencia arrojara luz sobre este asunto, no apareció un solo elemento de prueba que acusara intención criminal por parte de los legisladores y funcionarios administrativos que intervinieron en la legislación relacionada con la gasolina. Pudo haber inexperiencia. Pudo haber negligencia: negligencia en personas poco avezadas a los trámites legislativos.

No así en muchos de los miembros de este Parlamento, como senador Iriarte, que tiene larga experiencia en estas materias, y de la cual nos aprovechamos cuando él la brinda gustosamente. Pudo haber negligencia. La hubo, al extremo de que el propio tesorero Buscaglia, que formuló la denuncia, suscribió un informe diciendo que el proyecto 581 mejora la legislación existente. El tesorero Buscaglia llevaba apenas diez o doce días en la jefatura del Departamento de Hacienda. Ha debido hacerse un estudio de la materia antes de informar el proyecto. O acaso no hubo tiempo disponible y precisaba que el Tesorero informara el proyecto por estar próximo a vencer el término del Gobernador para aprobar o vedar proyectos. Repito que pudo haber inexperiencia, pero no intención criminal, ni propósito de fraude, ni deliberado empeño de conspirar para burlar los dineros del pueblo. Los que tal dicen, los que tal digan, saben que calumnian; ¡calumnia rastrera, señor Presidente; calumnia asqueante, calumnia indigna, calumnia miserable! (Aplausos).

"Y es doloroso, señor Presidente, que a estas horas de civilización y de cultura para nuestro pueblo; que en este año de 1943, en que cumple nuestro pueblo cuatro siglos y medio de la vida civilizada, de vida cristiana, los intereses de partido, los egoísmos, las pequeñeces de alma, la podredumbre moral de este ambiente de colonia, permitan que se tomen actuaciones de la limpieza, de la altura, de la rectitud, de aquella de Luis Muñoz Marín, al pedir con voz indignada que se investigara esta denuncia, y no aparecer un solo elemento de prueba incriminatoria, para pretender macular vidas limpias de hombres que están dando a su pueblo lo más puro de su alma, con generosidad, con patriotismo, con desinterés, quizás con inexperiencia en algunas materias, pero siempre con rectitud de propósito, conciencia honrada y honestidad de intención. Es doloroso que, por razón de esta cochina politiquería se pretenda utilizar un gesto claro y limpio como el que tuvo aquí Muñoz Marín, como no lo pudo tener la Coalición en una situación similar; es doloroso, repito, que se pretenda aprovechar un gesto de altura para rastrear miserias, coordinar calumnias y, sin elementos de prueba, macular o intentar macular vidas honradas y limpias. Intentar macular más bien, porque la Coalición no puede macular a nadie en Puerto Rico. (Aplausos). La Coalición no puede desprestigiar a hombres puros y honestos y limpios, que lo estamos dando todo con la mayor humildad de propósito, con el mayor sentido de responsabilidad, para que este pueblo nuestro salga, por fin, de esta noche tenebrosa de la colonia; de la colonia en lo político, de la colonia en lo social, de la colonia en lo económico, y, sobre todo, señor Presidente, de la colonia en lo moral... (Aplausos).

"Es la colonia moral la que vicia de miseria y podredumbre ese voto disidente de la minoría, en el cual —me atrevo asegurarlo, señor Presidente, y pongo por testigo a la historia,— ni Celestino Iriarte, ni Lino Padrón Rivera, ni Leopoldo Figueroa, ni Jorge Gauthier creen, porque, a pesar de este clima de miseria política, ellos son ciudadanos con cierta integridad moral, con mucha integridad moral, con toda la integridad moral deseable. La pena es que esa integridad moral generalmente no funciona en esos caballeros en este ambiente de politiquería que les lleva a querer aprovecharse de esta situación para dar una puñalada trapera, que les lleva a aprovechar la coyuntura para bajar de la presidencia de la Cámara a un hombre puro, a un hombre de vida limpia, hijo de familia humilde, interesado desde sus años mozos en los problemas vitales de Puerto Rico en un plano de servicio, de honestidad y de decencia.

UNA INFAMIA, UNA VILLANIA

"Todo esto duele como puertorriqueño. Estoy seguro que estos compatriotas —Iriarte, Padrón Rivera, Figueroa y Gauthier—saben en lo íntimo de sus conciencias que todo esto es una villanía, que todo esto es una infamia, que todo esto es una calumnia, que son los intereses cochinos de la baja politiquería los que les mueven a estampar su firma en un documento que de momento va a servirles para ganar una situación de ventaja, que durará unas horas, unos días o unos años. Y ante esa ventaja ocasional, no vacilan en acallar el grito de sus conciencias, para dar paso a la villanía. Eso es lo triste: que en este momento el sentido de rectitud y de decencia y de honestidad moral que hay en ellos —tenemos prueba de ello; las tiene el pueblo de Puerto Rico— se apague y la ventaja política acalle la voz de sus conciencias para dar paso a la calumnia, para dar paso a la villanía, para dar paso a una maniobra de asqueante, sucia y miserable politiquería. (Aplausos).

"Algún día estos caballeros de la minoría rectificarán ese dictamen calumnioso y miserable. A los fines de lo que voy a decir, tengo más fe en ellos que en los hombres de mi partido. Que ayer bajaran de la Presidencia de la Cámara a Samuel R. Quiñones —eso no tiene importancia. Sí la tiene el intento de macular la vida limpia de Samuel R. Quiñones. Confío en que estos cuatro caballeros, en que estos cuatro puertorriqueños que estamparon allí sus firmas, harán la rectificación que la historia ha de traer en este asunto. Tengo la certidumbre de ello, porque la conciencia de estos cuatro hombres, dentro de un día, dentro de un año, dentro de dos años, —el tiempo no tiene importancia cuando se trata de valores morales—, la conciencia de estos cuatro hombres les hará repudiar este acto de miseria moral que han realizado en el día de hoy. Creo más en ellos que en el esfuerzo que podrían hacer los hombres de mi partido, porque los míos cumplieron con su deber cuando transmitieron aquí la denuncia, cuando hicieron que la misma se depurara ante la opinión pública; y cuando la evidencia demostró que todo era falso, que pudo haber inexperiencia, que pudo haber negligencia pero no intención criminal, valiente, noble, hidalga, y decentemente rectificaron, pusieron la verdad en su sitio y no vacilaron en decir que se habían equivocado porque no había responsabilidad alguna por parte de los legisladores y funcionarios populares que intervinieron en este asunto.

"Ese gesto de decencia y de altura de Luis Muñoz Marín, señor Presidente y compañeros del Senado, tiene todavía más valor moral que el de Muñoz Marín denunciando aquí el llamado 'robo' de los cuatro millones. Como líder político, como hombre de la confianza del pueblo, como espíritu conocedor de los resortes de la psicología popular, a Muñoz Marín le hubiera convenido más encontrar un culpable, y si no había un culpable, fabricar uno. Pero Muñoz Marín es un hombre decente. Muñoz Marín es un hombre limpio. Muñoz Marín ha escudriñado día y noche la evidencia ofrecida ante la Comisión Legislativa de Responsabilidades y ha apelado a cuantos medios la inteligencia proporciona para ver si daba con un elemento de culpabilidad, de intención criminal, de conspiración, de connivencia para burlar los dineros del pueblo. Y ha seguido buscando y buscando, sin encontrar absolutamente nada que revelara propósito de fraude. En esas circunstancias, Muñoz Marín hubiera podido fabricar un culpable. En la política puertorriqueña se han fabricado tantos para que los líderes salgan airosos de las situaciones difíciles. Pero a Muñoz Marín no le gusta salir airoso de situaciones difíciles por medios ilegítimos. Ante la verdad, Muñoz Marín no vacila, sino que la proclama valientemente, duela lo que duela. El buscó la verdad; él buscó la responsabilidad; él buscó el crimen; apeló a todos los elementos de evidencia. Trabajó afanosamente en el seno del Comité de Responsabilidades y fuera del Comité de Responsabilidades, acudiendo a otras fuentes de información, sondeando conciencias, buscando los mil resortes aprovechables para ver si daba con algo anormal, con algo deshonesto. Nada encontró en ese sentido. La honestidad y la decencia habían prevalecido en todo momento. Otro líder político de menos envergadura moral, más presto al aplauso de la masa que a la devoción a la verdad, hubiera simulado un caso, hubiera fabricado evidencia para simular una situación, hubiera inventado un culpable, para mostrarlo jubiloso al Senado y a la Cámara y al pueblo de Puerto Rico, y decir: 'Aquí está. Dije que había una conspiración, dije que había un culpable: pues aquí está'. Nadie sabría que era fabricado ese culpable, pero lo sabría la conciencia honrada de Muñoz Marín, y la conciencia de Muñoz Marín no tolera villanías, no tolera indecencias, no tolera maniobras asqueantes... (Aplausos).

"Los hombres de mi partido han cumplido con su deber como ciudadanos, como hombres públicos y como hombres de conciencia. Las responsabilidades internas que pueda haber, oportunamente serán ventiladas dentro de los organismos del Partido Popular Democrático. Así lo ha acordado ya el Comité Central en el día de ayer. Porque es bueno decirlo, como tributo a la verdad, que la miseria de alma en todos los casos no ha sido únicamente de los señores de la Coalición. También en el seno de mi partido ha habido pequeñeces, rivalidades, egoísmos, miserias de alma, en las que, humanos al fin, muchos han caído. Eso se ventilará en su día y se fijarán las responsabilidades consiguientes en el seno mismo del Partido Popular Democrático.

LA RECTIFICACION QUE VENDRA

"Pero para la rectificación de lo que está fuera del partido, para la rectificación de la calumnia, de la infamia, de la villanía, que envuelve ese voto disidente de la minoría coalicionista, yo quiero confiar más en los hombres de la

Coalición. Quizás la rectificación no venga ahora; pero vendrá más adelante: cuando desaparezcan los intereses pequeños de partido, cuando quede en libertad la conciencia de Celestino Iriarte, de Lino Padrón Rivera, de Leopoldo Figueroa y de Jorge Gauthier; cuando quizás no exista ya la Coalición; cuando quizás estemos en nuevas formaciones políticas; de aquí a un año, a dos años —la conciencia a veces se aletarga de tal manera que pasan meses y años y la conciencia no da señales de vida, pero la conciencia está ahí latente hasta que llega un día en que rompe su encierro y proclama la verdad. Yo espero la verdad. Yo espero la rectificación hidalga. Yo espero la admisión categórica de estos caballeros de que un día se dejaron dominar por los intereses pequeños de partido y las miserias de la politiquería, e intentaron arrojar fango y lanzar calumnias contra hombres que ellos sabían en su conciencia que eran limpios y puros y dignos.

"A la historia me atengo".

Cuando el senador Géigel Polanco pronunció esas últimas cinco palabras ¡el Capitolio por poco se derrumba! ¡Así de tremenda fue la reacción; así de emocionante fue el discurso; así de arrebatado fue el entusiasmo; así de intensa fue la emoción!

A punto estuvieron las manos de Juan Luis Márquez (secretario del senador Géigel Polanco) y las de *Bacho*, Juan Vázquez y *Pepe* Torrado de volverse... sangre.

Al corcel del entusiasmo poco le faltó para saltar la valla de la locura.

NO HABIA SECRETARIO QUE RESISTIERA EL TREN DE LUCHA

Pocos días después de cerrada la Legislatura, como Muñoz Marín necesitaba, primero, descansar un poco y, luego, hacer planes para la próxima campaña eleccionaria, se fue con la familia a pasarse una breve temporada a la espaciosa residencia de los esposos don Juan Luis Boscio y doña Herminia Monllor, radicada en el barrio Corral Viejo, de Ponce.

Aquella cómoda casa, situada entre árboles y flores, un poco alejada de la carretera y junto a las aguas cantarinas de un cadencioso río, constituía un sitio ideal para que nuestro presidente soltara las riendas al tropel de pensamientos que volteaban en su prodigioso cerebro.

Allí también, para la misma época, fueron a hospedarse el gobernador Tugwell, su esposa e hijos. ¡Podía decirse que el Gobierno de Puerto Rico, por unos dos meses, se había trasladado para la encantadora, silenciosa y poética Villa Herminia!

Por lo menos allí, debido a las demostraciones de afecto y las atenciones de los dueños de la Villa y del eficiente personal a cargo de ésta, Pontón y Cortés se daban a evocar recuerdos, y Erasmo, Virgilio y yo nos olvidábamos de la deuda que teníamos con la compañera Crucita Reyes. Esta, en el Capitolio, nos sacaba de nuestros constantes apuros económicos.

A nuestro regreso a San Juan el trabajo se multiplicó. En realidad yo solo ya no podía soportar la carga. Entonces fue que se designó a Esdras Cruz Dones, quien era el Secretario del honorable Manuel A. Pérez —Comisionado del Trabajo—, para que cooperara conmigo en las faenas de la oficina de Isla Verde.

Mientras tanto, en el Capitolio, en la mente de don Julio A. Pérez creo que se planeaba una hábil retirada, pues solicitó unas breves vacaciones para realizar ciertas diligencias de familia fuera de Puerto Rico y... ¡no volvió más a la oficina! ¿Tomaría las calzas de Villadiego...?

A la verdad el tren de lucha de nuestro presidente era tremendo, y no había secretario que lo resistiera.

Cuando Pérez se embarcó Muñoz Marín solicitó del Rector de la Univesidad de Puerto Rico —licenciado Jaime Benítez— que le consiguiera un secretario en lo que don Julio Pérez venía. Para esos días —agosto de 1943— actuaba como Secretario del Rector el dinámico Luis García Benítez, a quien afectuosamente se le decía *El Güícharo*. Una persona así —activa, discreta, inteligente, laboriosa— era la que el Presidente del Senado necesitaba. A súplicas de éste, el licenciado Benítez "prestó" al *Güícharo*.

Luego, por habérsele asignado a Cruz Dones una labor especial en los departamentos del Gobierno, García Benítez, para que cooperara conmigo, trajo al amigo y compañero Florencio Pagán Cruz, Este era Catedrático del Colegio de Administración Comercial de dicha Universidad. No obstante, Pagán Cruz, por tener casi todas sus horas comprometidas con el referido colegio, con la "Puerto Rico High School of Commerce" y con la Respetable Logia *Luz de Cosmos*, de Río Piedras, duró muy poco tiempo en Isla Verde.

Por esa razón volví solo, muchas veces hasta la madrugada, a "pegarle el pecho" a las incontables labores de oficina.

Natural era que mi resistencia física se fuera debilitando. Comprendiéndolo así, Muñoz Marín sugirió a García Benítez la conveniencia de contratar los servicios de otro empleado. Entonces fue que llegó en mi auxilio una competente taquígrafa: la señorita Faustina Rosa Cortés, cariñosamente llamada *Tinín*.

Yo seguía sosteniendo, sin decir palabra, una triple carga: el exceso de trabajo, el poco descanso y el tormento de las deudas que hacía tiempo venía arrastrando. Tan contrariado estaba para esa época que me vi compelido a alejarme de la oficina por unos cuantos días, tratando de darle alguna expansión a mi atribulado espíritu.

García Benítez fue a buscarme a casa y me sugirió le escribiera un memorándum sobre mi situación económica para él llevárselo a Muñoz Marín y ver qué se podía hacer para darle solución a mi tremendo problema: ¡estaba adeudando cerca de 3,000 dólares! Entonces fue que, en la noche del jueves, cuatro de noviembre de 1943, me fui a la oficina del Capitolio y redacté un extenso memorándum dirigido a García Benítez. La primera parte decía así:

"Desde hace muchos años vengo soportando, con aparente impasibilidad, en silencio, una tremenda situación económica. La he estado resistiendo obstinadamente. Cada esfuerzo hecho por aliviarla ha sido un paso más en el camino de la desesperación. No debo explicar aquí —porque te constan— los motivos, las razones o las causas de esta situación; pero la verdad es que ya ha llegado a su punto culminante. Ha hecho crisis. Y no la resisto más."

Acto seguido le hice un detallado y explicativo relato de mi verdadera situación.

Terminé luego mis apuntes con el siguiente párrafo:

"Por otro lado, confieso que no puedo rendir ya una labor eficiente. Quiero ser sincero, honrado y franco conmigo mismo. Quiero mucho al Partido para irlo a apuñalear haciendo un trabajo deficiente. Las tribulaciones, los malos ratos, la intranquilidad, la mucha brega y el poco sueño me han atrofiado el cerebro. Ultimamente he advertido que he cometido algunos errores en mi trabajo. Y, porque no quiero cometerlos más, me he ausentado de la oficina en estos días. El cargo que he venido desempeñando debe ser cubierto por una persona con mente clara, ágil, despierta; por una persona libre de compromisos; por una persona que pueda dar sus cinco sentidos a la grandiosa obra que está desarrollando en Puerto Rico el invencible Partido Popular".

MISTERIO

No fue hasta febrero de 1944 que se solucionó mi problema, gracias a un repentino impulso desprendido del generoso corazón de *Tinín*.

Al notar ella que mi ánimo estaba profundamente abatido, que me acechaba la intranquilidad, que me sumía en hondas reflexiones, se dispuso a conferenciar con Muñoz Marín.

Tropezaron dos almas blancas. Un par de nobles corazones se encontró. La buena voluntad tuvo un choque con el sentimiento puro. La nobleza se enfrentó a la bondad. Del encuentro algo bueno tenía que surgir. ¡Y surgió!

Inmediatamente el relámpago de una esperanza anunció a mi corazón que el trueno de una dicha estaba a punto de estallar para llevarse en claro las amarras de mi espíritu. En el cielo de un alma se escuchó luego el rumoroso eco de un sublime estallido.

Después, con la franca y decidida cooperación de Muñoz Marín, García Benítez, Carlos M. Soltero, Laboy, don *Fonsito* y el señor Pablo Suárez (líder popular de Luquillo), solicité y obtuve un préstamo de la Asociación de Empleados del Gobierno Insular.

A los pocos días ya García Benítez —quien, por designación de Muñoz Marín, era mi síndico— tenía en su poder un ramillete de dólares y una lista de mis acreedores, encabezada por Crucita Reyes. Al redondearme la hacienda, todo el mundo cogió su agua.

Entonces, cuando a mi espíritu se le quitaron las cadenas de la tristeza, cuando a mi mente se le dio tranquilidad, cuando un rayo de fe se acurrucó en mi alma y uno de esperanza iluminó mi faz, más alegre que un afortunado niño en el glorioso amanecer del Día de Reyes, fui en busca de mi amigo el compositor Julián Sánchez Acosta para que le pusiera música a unos versos que, entre dormida y despierta, mi inspiración captó.

Poco después, en prueba de agradecimiento, a manera de un recuerdo, entregué a *Tinín*, encuadernado y con una amable dedicatoria, el bolero *Misterio*, en el que Sánchez Acosta puso toda su alma de inspirado compositor.

MISTERIO
(Bolero)

Mis penas; mis tribulaciones,
como que se esconden
cuando apareces tú;
cual hacen las sombras nocturnas
al llegar la aurora
en su trono de luz.

Nadie sabe por qué tanto
te venero
y te llevo adherida al corazón
Prefiero guardar el secreto:
¡que siga el misterio
de la veneración!

¡Cuánto no dice el silencio,
que es un tierno ruego
de mi corazón!

UNA DIABLURA DEL DESTINO

Siempre fue arduo el trabajo en las oficinas de Muñoz Marín. Aumentó intensamente su ritmo agotador en las semanas que precedieron a la celebración de la Asamblea Legislativa de 1944.

Todas las mañanas, de acuerdo con los turnos que les correspondían, los chóferes Justino Quijano, Encarnación de Jesús y Pedro Urrutia nos conducían a *Tinín,* Luis Díaz Caballero y a mí hasta Isla Verde. Nosotros llevábamos unos cuantos sobres manilas repletos de telegramas, cartas, notas, folletos, revistas y documentos que Muñoz Marín debía leer y estudiar para luego tomar la acción correspondiente.

Un día mi "síndico" García Benítez echó dentro de uno de dichos sobres un memorándum para mí. El saludo que me daba —el motivo que lo averigüe Vargas— era el de *Campeón.* Pero esta palabra, sin duda escrita en un momento de apuro, no se entendía bien y, al primer golpe de vista, lo que se leía era *Canflú.*

A nuestro presidente había que escribirle no claro, sino clarísimo, con una letra bien formada, redondita, casi dibujada, al estilo de la que hace un niño de tercer grado.

Por la mente de García Benítez parece que no cruzó la idea de que aquella nota, que iba dirigida a mí, podía "caer" en las manos de Muñoz Marín. No se imaginó —de ocurrir esa eventualidad— el rostro que pondría nuestro jefe y los gestos que haría tratando de descifrar el enigma de aquella endiablada letra.

El destino se empeñó en hacer una diablura, pues el papel "cayó" en manos de Muñoz Marín. Cogiéndolo, revisándolo y frunciendo rápidamente el ceño... fue todo un solo movimiento.

Entornó luego los ojos. Se acomodó bien en la butaca, frente al escritorio. Acercó a la vista el indescifrable memorándum. Lo acercó más, y mucho más. Me miró rabioso.

Yo creí que se trataba de alguna mala noticia. ¡Tal fue el gesto que puso!

Encendió entonces, bastante nervioso, un *Lucky Strike:* su cigarrillo predilecto. Y volvió a clavarle las quemantes pupilas al dichoso papel precisamente en la primera palabra: en la del consabido saludo de *Campeón.*

De súbito, como un ave azorada que rápidamente se dispone a alzar el vuelo, Muñoz Marín levantó sus brazos y los batió con furia al mismo tiempo que, mirándome fijamente, exclamaba:

—Pero... ¿qué es esto de *Canflú...?* ¿Quién se llama aquí *Canflú...?*

Entonces, para ver si yo solucionaba aquel jeroglífico, nerviosamente me entregó el documento. Como yo conocía la endemoniada letra del *Güícharo*, en seguida, mientras sonreía candorosamente y miraba al jefe de través, la descifré.

—¿Qué pasa? ¿Averiguaste lo que dice ahí? —preguntó.

—Sí, señor —le contesté.

Seguí diciéndole:

—Este memorándum es para mí. Lo que pasa es que aquí lo que se lee, lo que dice es... *Campeón*, que es como me dicen a mí...

No me dejó terminar bien lo que le estaba diciendo cuando, mirándome de arriba a abajo, entre admirado y sonreído, interrogó:

—¿Y tú eres campeón...?

Una carcajada fue mi respuesta.

Desde esa fecha, en tono de broma, García Benítez y yo, de parte y parte, nos decimos... *Canflú*.

"¡POBRE DE ERASMO!"

Durante la sesión ordinaria de la Legislatura de 1944 se dio la "función" de algo que se había "anunciado" mucho tiempo antes: la suspensión de empleo y sueldo del compañero Erasmo Rodríguez. Para esa época ya García Benítez se había reintegrado a sus labores en la Universidad y lo estaba relevando en la Secretaría de la Presidencia del Senado don Manuel Rodríguez Díaz. Este era Secretario de la Autoridad de Tierras de Puerto Rico.

No sé bien la verdadera causa por la cual Erasmo fue suspendido, pero lo cierto es lo siguiente: cuanta puerta tocó luego, en medio de su desesperación, la encontró cerrada. ¡Pobre de Erasmo! ¡Tanto afanar y nunca medrar!

Un nuevo compañero apareció después: Miguel A. Díaz, también conocido por *Michelín*. Y éste relevó al hombre en cuyas manos, durante aquella tremenda campaña que comenzó en 1938, estaba la "vida" (Muñoz Marín) del Partido Popular; al hombre que, para no detener la triunfante obra del querido jefe, en diferentes ocasiones, por esas carreteras de nuestra Isla, y cuando el histórico *Ford* no daba más, se dio a mendigar galones de gasolina; al hombre que, por defender los postulados de pan, tierra y libertad, fue encarcelado en Bayamón.

¡Pobre de Erasmo!

Hasta, para alargar un poco la vida, se vio compelido, por esas calles de San Juan, no ya a pordiosear gasolina, pero sí unos míseros centavos. ¡Andaba como un ánima en penas por esos mundos de Dios!

Mucho tiempo después Muñoz Marín le dio otra oportunidad de trabajo en el Capitolio. Sin embargo, no le duró mucho tiempo, porque el glorioso Ejército de los Estados Unidos lo llamó a sus filas para que también contribuyera, con su esfuerzo, al anhelado triunfo de las democracias.

Erasmo Rodríguez

UN "CUARTELAZO" EN LA CAMARA DE REPRESENTANTES

Si borrascosa fue la sesión legislativa del 1942, más borrascosa fue la del 1944.

Ignoro de qué artimañas se valieron, pero la verdad fue que las fuerzas coalicionistas dieron un "cuartelazo" en la Cámara de Representantes.

Una noche, entre frenéticos aplausos y clamorosas ovaciones, sereno, confiado, con la faz como iluminada, descendió de la silla presidencial el doctor Arrillaga Torréns. Rápidamente, entre resonantes silbidos y gritos estentóreos, nervioso y como cubierto por una terrible sombra de dudas, escaló la Presidencia el señor Rodríguez Pacheco. Este, de pronto, hizo un alto en el sendero que conducía a la tranquilidad del pueblo y se desvió hacia la derecha. Se fue a guarecer bajo las tiendas de la Coalición.

Creo que aún resuenan en mis oídos los rabiosos gritos de los esposos *Pepe* Torrado y Crucita Reyes, y los del compañero Juan Vázquez, en el emocionante minuto aquél del cambio de presidencia.

Entrelazando unos hechos con otros, conspicuos líderes del Partido Popular llegaron a una conclusión: a la de que aquel "cuartelazo" podría dar lugar a que se incendiaran algunas pasiones, a que se exaltaran ciertos ánimos o a que el fanatismo cegara a alguien. Y se tomaron precauciones.

Entonces fue que, en las postrimerías de aquella agitada sesión, se unió Alberto Guerrero —campeón insular de pistola, calibre 45, y campeón insular olímpico del rifle, calibre 30— a la escolta del Presidente del Senado.

Poco después la sesión finalizó.

Aparentes vientos de bonanza empezaron a soplar.

En los corazones de millares y millares de puertorriqueños se quedó grabado el fatídico recuerdo de la buena obra que, en la Cámara de Representantes, se acababa de paralizar. Pero de modo indudable se quedaron grabados también, en sus mentes, unos cuantos nombres que, en noviembre siete de ese mismo año, serían bien recordados... ¡Y cómo!

ALTERNANDO EL TRABAJO CON EL JUEGO

En la tarde del miércoles, 24 de mayo de 1944, Juan Vázquez recibió un telegrama de Laboy, enviado desde Aibonito, en el que le solicitaba que me avisara inmediatamente a fin de que, con la máquina de escribir y efectos de oficina, estuviera preparado para salir con Pedro Urrutia para la Isla a la mañana siguiente.

Ese telegrama me puso en movimiento. Preparé mi maleta.

Al día siguiente, poco después del alba, salíamos Urrutia y yo hacia el barrio Rabanal, de Aibonito, en donde nuestro presidente pensaba pasar una temporada de tres meses con la idea de cesar un poco en el trabajo, dictarme *El Batey* y preparar los planes para la próxima campaña.

Como éramos muchos los compañeros y como la casa en que vivían Muñoz Marín, su familia y dos amables y diligentes muchachas que ayudaban a doña Inés en las labores domésticas no era muy grande para acomodarnos a todos, yo me iba a dormir todas las noches a la aristocrática residencia de don Antonio Serracante, a la entrada del pueblo.

Al cabo de unas semanas, en junio, para distraer el espíritu y tonificar un tanto los músculos, Muñoz Marín ordenó a Laboy adquirir un equipo de sóftbol. En esa ocasión organizó la decena *Siete de Noviembre*, integrada por los siguientes jugadores, por orden de posiciones:

Obdulio Alvarado
José O. Pontón
Luis Muñoz Marín
Enrique Díaz Morales
Epifanio Cartagena
Lieban Córdova
Don Migue
Miguel A. Díaz
Federico Cartagena
Israel Cartagena
Suplentes: Rafael Rivera (Falo), Santos Matos, Víctor Cartagena, Antonio Matos y Francisco Centeno.

Los amigos del Municipio de Aibonito formaron un *Escogido para enfrentarlo al equipo de Muñoz Marín en la liga ubicada frente a la residencia de éste en el referido barrio Rabanal.*

A pesar de los desesperados esfuerzos de los jugadores del Ayuntamiento, que representaban al *pueblo*, no pudieron vencer a los integrantes del equipo de Muñoz Marín, que representábamos al *campo*. El *Siete de Noviembre* se impuso fácilmente sobre el *Escogido* en el partido de la inauguración, con una anotación final de 15 carreras por seis.

Circuló la versión de que el Presidente del Senado solamente se dedicaba a jugar sóftbol. Esto, desde luego, desagradó a innumerables populares y entusiasmó a los líderes de los partidos adversarios.

Se jugaba, sí, bastante, durante las horas de la tarde. Pero ¿y qué hacía Muñoz Marín en las horas de la mañana?

¡Ah...!: Trabajando fuertemente, haciendo planes, escribiendo discursos, dictándome el periódico *El Batey*, conferenciando con el liderato popular y pensando cómo "barrer" en las próximas elecciones con aquellos hombres que, un par de meses antes, en la Cámara de Representantes, habían detenido la obra del pueblo.

INTENTO DE SUICIDIO POR VENTA DEL VOTO. LO QUE LE SUCEDIO AL DETECTIVE ROSADO CUEVAS

El viernes siete de julio Muñoz Marín, los compañeros que lo escoltaban y yo iniciamos, desde San Juan, un recorrido a través de la Isla. Nuestro presidente creyó conveniente hacer estas cosas:

(a) Auscultar, explorar, sondear la opinión del liderato sobre las candidaturas locales y otras cuestiones de gran importancia relacionadas con el Partido Popular;

(b) Dar consejos, cuando éstos fueran necesarios; y

(c) Cooperar para la solución de ciertos problemas que a sus líderes se les presentaban en sus respectivos pueblos.

Ese viernes estábamos a 123 días de plazo del "juicio final" y había que "aceitar" la maquinaria y tenerla preparada para la justa eleccionaria.

La primera visita se le hizo al líder don Félix Alvarez en su residencia de Bayamón. De ahí pasamos a Manatí.

El sábado, día ocho, estábamos en Villalba. Allí los señores Agustín Burgos y Luiz Zayas nos hicieron el siguiente relato —que resaltaba claramente el tremendo efecto que la prédica popular surtía entre las gentes sencillas de nuestras montañas:

Que un campesino de Villalba, de apellido León, en las elecciones de 1940 se había "vendido" por un par de dólares y que después, avergonzado, no se atrevía a salir de su casa ni siquiera a gastar ese dinero. No encontraba qué hacer. Y cierto día veló una oportunidad y se acercó al señor Zayas, expresándole el deseo de suicidarse, porque se le "caía" el rostro de vergüenza y también porque todos sus vecinos jugaban al abejón con él, lo mortificaban y le echaban en cara que se había "vendido" por una miseria de dos dólares.

Allí también hice esta otra anotación:

En el barrio de Villalba Arriba, compuesto de las secciones denominadas "Julita" y "Matrulla", no se inscribió en enero de 1944 "ni un solo adversario político", a pesar de ser ese barrio el menos beneficiado por la legislación popular. Antes de comenzar la inscripción los vecinos de Villalba Arriba habían observado que únicamente había un adversario —de afiliación republicana— y entonces organizaron una comisión y fueron a visitarle. Le solicitaron que, a los efectos de que no se rompiera la armonía o la unanimidad del barrio, no se inscribiera.

Como el referido adversario (republicano) inmediatamente se dio cuenta de que nada lograría oponiéndose al deseo de todos los demás accedió a la súplica de éstos, registrándose entonces una inscripción perfecta, una completa unanimidad, tal vez sin precedentes en la historia política de Puerto Rico.

Aquel día seguimos rumbo a los pueblos de Vega Alta, Vega Baja y Manatí.

El lunes, día diez, visitamos a Cayey, Guayama, Salinas, y dormimos en Ponce.

Al día siguiente volvimos a la carga y visitamos los barrios de Yayales y Capáez, de Adjuntas. Después fuimos hasta Lares.

En ese último pueblo recibimos la luctuosa noticia del fallecimiento del doctor Seín. Rápidamente Muñoz Marín me dictó dos cartas trasmitiendo el testimonio de su más sincera condolencia a la señora Eugenia C. Viuda de Seín y al doctor José A. Seín.

Momentos después partíamos para San Sebastían, Moca y Aguadilla.

Pernoctamos en el romántico *Guajataca*, de la población de Quebradillas. Aquí establecimos nuestro cuartel y centro de operaciones y también recibíamos información de otros pueblos.

Después seguimos viaje hacia Quebradillas, Camuy, Hatillo, Arecibo, "Florida" (de Barceloneta) y Manatí.

El lunes, 17 de julio, como todos los años, nuestro presidente visitó la tumba de su insigne padre don Luis Muñoz Rivera, en Barranquitas. En ese sagrado recinto Muñoz Marín volvió a empeñar su palabra de continuar con toda la energía de su espíritu, toda la claridad de su conciencia y todo el vigor de su propósito "la obra de hacer y ensanchar la justicia del pueblo de Puerto Rico".

Al otro día regresamos a Aibonito, en donde nuestro jefe tenía que reunirse con miembros de dos grupos en discordia: Miguel de J. Rivera, José Cornelio Vázquez, Edelmiro Rodríguez, Antonio Zayas Rivera, Leoncio Rivera Rodríguez, Lito Cintrón, Rafael Falcón, Mario Santiago, Jesús Rivera Gutiérrez, Luis Ramón Santini y Nicomedes Pagán.

Los informes de otros pueblos de la Isla eran recibidos en el barrio Rabanal. Se referían a discrepancias, candidaturas, convenciones, asambleas, pleitos electorales, recusaciones; inscripción de los partidos Auténtico, Proletario y Boricua; colocaciones, caminos de herradura, adhesiones, disolución de comités de barrio, corrección de situaciones políticas por la vía diplomática, problemas personales de algunos líderes y compra de fincas por la Autoridad de Tierras.

De esa manera, dándole consideración a todos esos informes, Muñoz Marín fue teniendo, poco a poco, un cuadro de la verdadera situación con que se confrontaba el Partido Popular Democrático en toda la Isla.

Sin embargo, creyó conveniente dar otro recorrido. Y el viernes, 21 de julio, salimos de Aibonito con rumbo a Caguas, Gurabo, Las Piedras, Humacao, Fajardo, Luquillo y Río Grande.

Aquella noche la pasó nuestro jefe en la residencia de don Jesús T. Piñero, en Canóvanas.

Como los demás compañeros estábamos cerca de nuestros respectivos hogares, nos dirigimos a San Juan. Bien temprano a la mañana siguiente volvimos a encontrarnos en Canóvanas.

De ahí saltamos luego a Aibonito, en donde teníamos los cuarteles generales.

De vez en cuando Muñoz Marín venía a San Juan para atender numerosos asuntos pendientes, pero en seguida retornaba a dichos cuarteles.

En la mañana del domingo, 30 de julio, le ocurrió un gran chasco al detective Pedro Rosado Cuevas. Entre la residencia de nuestro jefe —en el barrio Rabanal— y el pueblo de Aibonito hay una quebrada que cruza el camino. El día anterior el cielo se había desgajado. Y todavía, al cerrar del sábado, llovía a cántaro. Y, ¡claro!, con la copiosa lluvia creció la quebrada.

Bien temprano el domingo, casi al apuntar el día, el compañero Rosado, guiando el automóvil del Gobierno Insular número 74, —en donde yo siempre tenía una máquina de escribir, libretas de taquigrafía y efectos de oficina—, había logrado atravesar dicha quebrada. Pero, a su retorno, un repentino golpe de agua lo sorprendió en el instante en que la cruzaba.

Tratando de "salvar" al automóvil que el Gobierno le había confiado en su misión cerca del Presidente del Senado ¡por poco pierde la vida el buen compañero!

Desde entonces, como un fatídico recuerdo del terrible chasco, los vecinos de aquel barrio bautizaron dicho sitio con el nombre de *Quebrada de Rosado*.

"¡AHORA USTEDES SE ENCARGAN!"

Luego arreció la lucha.

Como Muñoz Marín debía dictarme un importante discurso y tenía que estar en un sitio donde hubiera tranquilidad, para coordinar libremente sus ideas, decidió ir a la residencia que en Barranquitas, por el kilómetro 9, tenían los esposos don José Berríos Berdecía y doña *Pepita* Rojas.

Confieso que, en una parte de su discurso, me conmoví profundamente. Se me nublaron los ojos. Me puse triste y melancólico. Y esto sobrevino cuando, refiriéndose a la gran obra en beneficio del pueblo, dijo las siguientes palabras:

> "Uno de los intrumentos —el central y fundamental— de la obra es la organización que se llama Partido Popular Democrático. El Partido Popular Democrático es la organización que yo dirijo. Y el Partido Popular Democrático es la organización que ustedes usan para ir haciendo la clase de vida que ustedes quieren que haya en Puerto Rico para el pueblo puertorriqueño. Como ustedes, el pueblo de Puerto Rico entero, tienen que dirigir fundamentalmente lo que usan, ustedes, el pueblo de Puerto Rico entero, me dirigen fundamentalmente a mí y al Partido Popular Democrático. Ustedes nos dirigen al expresar su voluntad con sus votos. El día que ustedes no quieran seguir utilizándome a mí, sencillamente me votarán en contra. El día en que yo no quiera aceptar la dirección de ustedes —del pueblo sufrido de Puerto Rico— daré paso al que quiera aceptarla. Mientras ustedes quieran usarme, y yo pueda servirles, ejecutaré fielmente, íntegramente, inquebrantablemente, la dirección que ustedes me den con sus votos. Y puede también llegar el día, y debe también llegar el día en que, queriendo ustedes que yo les sirva y yo pudiendo servirles, haya también otros hombres, con las mismas ideas y los mismos propósitos, que también quieran y puedan servirles en sustitución mía. Y al llegar ese día, —que debe llegar para la continuidad de esta obra—, yo les pediré a ustedes me releven de la dura y angustiosa tarea. Ninguna oración de mi atribulado espíritu es tan constante ni tan hondamente sincera como la oración de que llegue ese día —de que llegue el día en que, sin variar el propósito ni la fuerza de esta causa, yo pueda ser relevado y darle el último impulso vigoroso hacia la generación del porvenir; el día en que yo pueda decir, con el consentimiento de ustedes: '¡Ahora tú te encargas!' o '¡Ahora ustedes se encargan!'.."

Prevaleció una breve pausa.

Si en ese instante se hubiera caído un alfiler hubiéramos escuchado el ruido al hacer contacto con el suelo. Podíamos hasta oír el aletear de una mariposa.

Mientras se registraba aquella paz de tumba yo releía mis notas taquigráficas en aquella parte que decía:

"...Ninguna oración de mi atribulado espíritu es tan constante ni tan hondamente sincera como la oración de que llegue ese día —de que llegue el día en que, sin variar el propósito ni la fuerza de esta causa, yo pueda ser relevado y darle el último impulso vigoroso hacia la generación del porvenir..."

Una brisa de tristeza azotó mi rostro.

Cuando levanté mis nubladas pupilas y me tropecé con las de Muñoz Marín, que me miraban fijamente, con ternura, por poco me deshago en lágrimas. Y entonces, como para brindarme un consuelo en aquel momento de gran emoción, con voz trémula, aunque reposada, cadenciosa, ahíta de cariño, casi susurró a mis oídos las siguientes sentidas palabras:

—No te apures. Cuando ese día llegue..., yo le suplicaré al que me sustituya que te nombre su taquígrafo...

Apenas pude darle las gracias por estas nobles palabras, porque se me hizo un nudo en la garganta.

UNA ASAMBLEA QUE CAUSO BORRASCAS. FRASES FERVOROSAS QUE SE CRUZARON ARJONA SIACA Y MUÑOZ MARIN

El sábado, 19 de agosto, a las 12:45 de la tarde, entre vítores y aplausos de miles de personas, entramos Muñoz Marín, los detectives y yo al amplio Teatro *La Perla*, de la ciudad de Ponce. Nuestro jefe iba a presidir la Asamblea General del Partido Popular Democrático, que resultó ser una muy borrascosa.

Allí, entre otros concurrentes, había 1,221 delegados, 48 miembros del Consejo de Fundadores y 34 miembros del Comité Central.

Después de aprobado el Informe del Comité de Credenciales, de constituida la Asamblea y de haberse designado el Comité de Resoluciones, el Presidente (Muñoz Marín) informó que iba a pronunciar breves palabras sobre unos consejos que deseaba dar a la Asamblea:

(1) En cuanto a los candidatos por acumulación a la Cámara de Representantes y al Senado —en el sentido de que la Asamblea eligiera los que, a su juicio, fueran los mejores, pero que se le permitiera a él, como director de la obra del Partido Popular, ponerlos en los sitios donde mayor servicio podrían prestar al Partido y al pueblo entero de Puerto Rico— y

(2) En cuanto al candidato a nombrarse para Comisionado Resi-

dente de Puerto Rico en Washington —considerando la situación existente en el preciso momento en que se hablaba y la que subsistiría durante los próximos meses y años— debía ser don Jesús T. Piñero.

Lo que aconteció después apenas se puede figurar: aplausos frenéticos, gritos ensordecedores y, para aplacar la atmósfera,. unos tremendos y constantes "malletazos" que estuvieron a punto de romper la mesa presidencial.

Por fin nuestro presidente dejó que su fuerte voz se oyera:

—¡SI NO SE ME DA ESTE PUNTO, YO NO PUEDO ASUMIR MI RESPONSABILIDAD ANTE EL PUEBLO!

El teatro, en aquel momento, como que recibió el tremendo impacto de una bomba atómica.

Este autor, que en la mesa presidencial, sentado a la izquierda de Muñoz Marín, estaba tomando el récord taquigráfico de la ya revoltosa asamblea se esforzaba para captar bien lo que allí se decía con el fin de que constara en acta.

Siguieron las voces de protesta y los terribles gritos. Se estaba planteando una cuestión de confianza que envolvía seriamente a nuestro presidente.

"*¡Si no se me da este punto, yo no puedo asumir mi responsabilidad ante el pueblo!*": Don Luis Muñoz Marín, Asamblea General del Partido Popular Democrático (Teatro "La Perla", Ponce, agosto 19 de 1944).

A fuerza de tremendos "malletazos" Muñoz Marín se dejó escuchar nuevamente:

—Señores delegados: ¡Oiganme bien! ¡Oiganme bien y ENTIENDANME BIEN!: ¡No se puede someter a votación el nombre de LUIS MUÑOZ MARIN; y yo hago ésta una cuestión de confianza, sin la cual no puedo dirigir este partido!

En esa ocasión surgió la figura del licenciado Rafael Arjona Siaca. Pidió la palabra:

—Yo creo que yo tengo derecho a hablar.

Se aplacaron un poco los ánimos.

Algunos delegados exclamaban:

—¿Por qué no? ¡Hable; hable!

Otros, vociferando, emitían palabras con vehemencia:

—¡QUE NO HABLE!

Pero los delegados más enfurecidos gritaban:

—¡QUE HABLE, QUE PARA ESO ESTAMOS PREDICANDO LA DEMOCRACIA!

Nuestro presidente le permitió expresar sus puntos de vista.

En ese momento el licenciado Arjona Siaca ejercitó su facultad discursiva y se refirió a estos puntos: (1) A la historia que él tenía dentro del movimiento popular; (2) al servicio que le había prestado a la causa y (3) a que discrepaba de algunas frases de nuestro presidente en conexión con la responsabilidad que éste tenía que ejercitar y en relación con las cualidades de algunos candidatos para desempeñar el cargo de Comisionado Residente.

Tan pronto Arjona Siaca finalizó su breve discurso Muñoz Marín le dejó la presidencia al señor Andrés Grillasca, Alcalde de Ponce, y, suplicando silencio a los compañeros de la asamblea, que volvieron a estallar en estentóreos gritos, expresó unas ideas. Manifestó que el planteamiento hecho por "el querido amigo Arjona Siaca" estaba "completamente equivocado".

Continuó diciendo:

—Nadie, y yo menos que nadie, puede tener duda en cuanto a la historia que él esboza de sus actividades, de su actitud, de sus servicios en el Partido Popular y en la causa popular que existía desde antes de existir el Partido Popular. ¡De eso nadie, y yo menos que nadie, puede tener duda!

Muñoz Marín prosiguió aclarando la posición que anteriormente había adoptado y explicando los trascendentales motivos que lo llevaron a hacer la recomendación a favor del señor Piñero para el cargo de Comisionado Residente.

En ese tiempo, de súbito, con su característica habilidad, volvió a recordar que él no podía, sin la entera confianza de sus compañeros, asumir la tremenda responsabilidad de dirigir una gran obra ante todo el pueblo de Puerto Rico.

Acto seguido, como un relámpago, Muñoz Marín se levantó de su asiento, lanzó una mirada escudriñadora en derredor y hasta dio a entender, si no tenía la confianza del pueblo, que abandonaría la dirección de la obra.

Fue aquél un momento muy emocionante. Aquel gesto lo elevó más en la conciencia de los delegados, y éstos no pudieron hacer otra cosa que gritar:

—¡NO...! ¡USTED NO NOS PUEDE ABANDONAR! ¡USTED TIENE TODA NUESTRA CONFIANZA!

El gran líder popular aprovechó rápidamente aquella explosion de entusiasmo, y preguntó:

—¿Tengo esa confianza de ustedes...?

Miles de voces dijeron a un mismo tiempo:

—Siíííí...

Muñoz Marín, adueñándose de la situación, insistió en su pregunta:

—¿Tengo esa confianza de ustedes...?

Aquellos delegados, como enloquecidos o hipnotizados, afirmaron rotundamente:

—Siíííí...

—¿Puedo contar con ella...?

—¡Sí! ¡Sí! ¡Sí...!

Unos aplausos frenéticos atronaron el espacio. Cuando el eco de éstos fue apagándose volvió el ilustre líder a manifestar:

—Yo pido ahora dos cosas: Un voto de entera confianza para Rafael Arjona Siaca y para el criterio de Luis Muñoz Marín sobre cómo hay que bregar con todo este asunto.

Los delegados, entre estruendosas ovaciones, al borde del delirio, vociferaron:

—¡Muy bien; muy bien!

En ese instante, en forma dramática, demandó:

—¿Interpreto que Arjona Siaca tiene esa confianza y que yo también tengo, en ejercicio de ese criterio, esa confianza...?

Apenas pudo terminar bien la interrogación, pues un terrible *sí* hendió los aires.

Acto seguido se abrieron las nominaciones para legisladores por acumulación.

Mas, de pronto, los ánimos volvieron a exaltarse, pues el Licenciado Arjona Siaca subió al proscenio, persistiendo reiterada y fervorosamente en que nuestro presidente pusiera a votación el asunto de la Comisaría.

Muñoz Marín empezó a violentarse.

Arjona Siaca siguió acercándose y... acercándose a la mesa presidencial, y, estirando su diestra hacia nuestro presidente, le decía:

—¡No hagas eso, Luis! ¡Debes poner este asunto a votación! ¡Actúa democráticamente! ¡No dañes tu historia! ¡No la manches!

Mientras tanto, el Presidente —el gran líder del pueblo— seguía dando "malletazos" y "malletazos".

Hubo un momento de confusión.

Mesa presidencial de la histórica Asamblea del Teatro "La Perla", de Ponce. Frente a los micrófonos, y sentado, el Presidente del Partido Popular señor Luis Muñoz Marín. A su derecha el alcalde Andrés Grillasca, y a su izquierda el autor Lieban Córdova (taquígrafo de récord de la Asamblea).

Muchos delegados se subieron a la mesa presidencial. Algunos hasta se pararon sobre mis brazos. Yo apenas podía escribir. Sin embargo, me mantuve sereno, captando en mis notas taquigráficas las ardientes palabras aquéllas que, junto a mí, en el histórico momento, se cruzaban entre aquellos dos colosos del pensamiento.

Yo pensaba, mientras tomaba el récord para luego transcribir el acta de la Asamblea, que, algún día, "la generación del porvenir", como siempre decía Muñoz Marín, podría tener interés en conocer cómo discurrían, actuaban, luchaban y defendían con firmeza sus conceptos y principios los ilustres hombres y líderes del pueblo.

Aquí tiene esa generación una magnífica oportunidad para hacer un grave análisis del presente y un profundo estudio científico del glorioso pasado.

Mas continuemos con la historia.

Arjona Siaca se mantenía firme en su posición. Instaba reiteradamente:

—¡Debes poner esto a votación!

Muñoz Marín, dando fuertes golpes sobre la mesa con el "mallete", replicaba con la misma fuerza moral:

—NO; no; no, Rafael.

Arjona Siaca persistía firmemente en su planteamiento:

—¡No manches tu historia! ¡No hagas eso, Luis! Por favor, ¡NO LO HAGAS!

Ninguno de los que polemizaban se dejaba dominar.

Cuando Arjona Siaca proseguía con su reiteración acerca de su tanteo, nuestro jefe persistía, con igual firmeza, en su punto de vista, y continuaba emitiendo fuertemente estas palabras:

¡NO! ¡Eso sería poner a votación la presidencia de este partido! Seguía golpeando la mesa.

La gente vociferaba.

Muñoz Marín no permitía que se ejerciera dominio sobre él. Tampoco el Licenciado Arjona Siaca se dejaba abatir. Era una lucha de un par de titanes que inflexiblemente defendían sus ideas, razonamientos y principios.

Arjona Siaca seguía insistiendo, cada vez con más fervor:

—Tú eres el presidente de un partido democrático: ¡pues actúa democráticamente, Luis! Eso es lo que conviene. Eso es lo que procede. ¡Pon eso a votación!

Muñoz Marín, ya bastante violento, le replicaba a todo pulmón:

—¡NO, NO Y NO...! ¡La presidencia de este partido no se puede poner a votación! ¡Repito que NO, NO, NO Y NO!

En aquella ocasión, poniendo en juego toda su inteligencia y la acostumbrada habilidad, el Licenciado Ernesto Ramos Antonini solicitó ser escuchado. Cuando se levantó del asiento recibió una gran ovación. Rápidamente dijo:

—Señor Presidente: Tengo entendido que están en orden, por disposición de la Presidencia, las nominaciones para legisladores por acumulación.

Muñoz Marín movió la cabeza afirmativamente.

Ramos Antonini, como una centella, propuso para legislador por acumulación a su compañero Licenciado Samuel R. Quiñones. Inmediatamente fue secundado por Joaquín Rosa, de Manatí.

"¡No manches tu historia! ¡No hagas eso, Luis! Por favor, ¡NO LO HAGAS!": Lcdo. Rafael Arjona Siaca, Asamblea General del Partido Popular Democrático (Teatro "La Perla", Ponce, agosto 19 de 1944). A la izquierda, sentado, Muñoz Marín mirando fijamente a Arjona Siaca con el brazo derecho extendido. De espaldas el Lcdo. Ernesto Ramos Antonini, y frente a éste Lieban Córdova (el autor y taquígrafo).

El Presidente preguntó:
—¿Quién se opone?
Nadie habló. Ni una sola voz de protesta se oyó... ¡Los delegados, que conocían al dedillo una historia de gran tirantez entre ambos compañeros, parecían estar hipnotizados!

Por fin, después que se pudieron oír las palabras conciliadoras de Ramos Antonini, Pedro Juan Dumont, Felisa Rincón, Licenciado Ramón Goyco y de otros delegados, la Asamblea, entre clamorosas ovaciones, acordó nominar a don Jesús T. Piñero para el cargo de Comisionado Residente de Puerto Rico en Washington por el Partido Popular.

Inmediatamente, en otro noble gesto, el licenciado Quiñones se expresó así:

—Señor Presidente, señores de la Asamblea, puertorriqueños de la Asamblea, amigos de la Asamblea del Partido Popular Democrático: Abierto el turno de nominaciones, ¡yo quiero tener el honor, la satisfacción, la honda emoción de proponer para legislador por acumulación a Ernesto Ramos Antonini!

Se ganó una gran ovación. Se le aplaudió rabiosamente.

También fue secundado por Joaquín Rosa.

El telón estaba en alto y la escena en su punto culminante. Era un momento de expectación. Se estaba capeando un furioso temporal. Y había que aprovechar el instante en que el huracán amainaba.

Tan pronto el señor Rosa (líder de Manatí) dijo: "¡Secundo!", Muñoz Marín se incorporó y, con pasos rápidos y firmes, fue a darle un fuerte abrazo al Licenciado Quiñones. El público, excitado, palmoteó con mucha alegría. ¡Poco faltó para que la emoción traspasara las fronteras de la locura!

Y cuando Ramos Antonini se apresuró también a estrechar entre los brazos a su compañero Quiñones, ¡el Teatro *La Perla* pareció estremecerse!

Las rotas amistades se zurcieron en aras de los propósitos de un partido político cuyos líderes desean la redención social del pueblo y cuyos intereses tan sincera y fervorosamente defienden.

Después que las indicadas proposiciones fueron aceptadas por la Asamblea Muñoz Marín creyó pertinente manifestar lo siguiente:

—Según yo les había dicho a ustedes desde antes, y según les he repetido en esta Asamblea, no me proponía recabar ningún otro derecho de aconsejar y de proponer nominaciones. Pero voy a quebrantar ese propósito, y voy a proponer para legislador por acumulación —yo personalmente, y secundado por todos ustedes— a... ¡Rafael Arjona Siaca!

Lo que en aquel instante pasó puede sólo describirlo un ser privilegiado.

Con esas frases, como se estila por acá, Muñoz Marín "se echó a todo el mundo en el bolsillo".

Se registró una tremenda explosión de entusiasmo. Y los delegados gritaban a una voz:

¡BIEN! ¡BIEN POR DON LUIS! ¡ESTA MUY BIEN! ¡MUY BIEN!

Su proposición, luego de secundada se aprobó resolutivamente.

Las cosas cambiaron de aspecto. El rencor se alejó para darle paso a la alegría. Falleció el coraje. Nació la paz.

Al cabo de unos minutos, y aprovechando la tranquilidad reinante, el señor Grillasca se levantó para manifestar:

—Quiero tener el privilegio de presentar a ustedes, como candidato por acumulación, a don Benjamín Ortiz.

Una ola de aplausos acogió sus palabras. Debidamente secundada, su proposición se aprobó con celeridad.

Entonces, dramáticamente, como un actor de muchos recursos Pacheco Padró, encaramándose sobre la mesa presidencial, casi gritó:

—Propongo, como candidato del Partido Popular Democrático para legislador por acumulación, al senador Vicente Géigel Polanco.

Entre vítores y aplausos su proposición fue secundada y aprobada.

De repente, el licenciado Quiñones pidió la palabra para expresar que los legisladores propuestos y aprobados no podían hacer una verdadera obra de legislación para el pueblo de Puerto Rico si no era junto a don Luis Muñoz Marín. Por lo tanto, propuso a éste también para legislador por acumulación, y a la vez solicitó de la Asamblea que, puesta de pie, proclamara que Muñoz Marín tenía otra vez su confianza.

Miles de voces lo secundaron, y así se acordó.

Al quedar cerradas las nominaciones, exactamente a las 4:00 de la tarde, el compañero Pacheco Padró pronunció estas palabras:

—Propongo un receso de la Asamblea hasta la seis de la tarde de hoy.

Al ser secundado, su proposición se puso a votación y quedó aprobada.

En esa forma, reinando gran tranquilidad, finalizó aquella primera parte de la agitada asamblea celebrada en la Perla del Sur (Ponce): la apasionada asamblea que algunas personas nunca podrán olvidar; la histórica asamblea que Muñoz Marín terminó exactamente a las diez de la noche con estas proféticas palabras:

—Faltan 80 días, y mañana *"na* más" que 79 días, para la victoria final del Partido Popular Democrático ¡en todo Puerto Rico!

LAS CUATRO COSAS QUE MUÑOZ MARIN DESEABA QUE LOS CAMPESINOS RECORDARAN

A la una y media de la tarde del sábado, nueve de septiembre de 1944, todos levantamos el vuelo en la hospitalaria población de Aibonito con rumbo a Isla Verde. Desde aquí, bien temprano al día siguiente, partiríamos para el distrito de Aguadilla a iniciar la segunda campaña de mítines.

Ese sábado, cuando llegamos a Isla Verde, Muñoz Marín me encomendó que localizara a don Juan B. Tossas y le comunicara su deseo de que nos acompañara en la nueva aventura.

Tossas, a pesar de ser un hombre de días, parecía ser de cal y canto. Era tan vivo como una pólvora. Era perspicaz, penetrante. Siempre vivía en paz, en la soledad de su estrecha habitación en el sótano del Capitolio, de cuyo edificio, según él mismo decía, era el mayordomo. Aunque, cuando estaba de buen humor, metía mucha bulla, era un hombre pacífico. Sin embargo, cuando algún compañero, por ver hasta dónde llegaba, lo molestaba, se volvía un alquitrán. Entonces hablaba más que siete.

Tossas era de espíritu aventurero. Le encantaba correr fortuna. No le conocía la cara al miedo. Era un hombre que no se dejaba engañar con facilidad, y, cuando estaba colérico, burla burlando le cantaba las verdades a cualquiera. No obstante, cuando alguien, cerca de él, estaba nostálgico, abatido o triste, rápidamente ensayaba un chiste, hacía un cuento jocoso o relataba una de sus numerosas anécdotas. Como Benjamín Franklin, tenía la virtud de apaciguar, con sus chistes y sonoras carcajadas, los ánimos exaltados.

A ese compañero, siguiendo instrucciones de nuestro presidente, lo estuve buscando toda la noche del sábado sin dar con él. Mas no me di por vencido. Debajo de la puerta de su habitación le dejé una nota en la que le decía que tenía que darle un recado urgente de Muñoz Marín, y le suplicaba que tan pronto la leyera —así fueran las dos, las tres o las cuatro de la madrugada— subiera al Salón de *Caucus*, en donde yo, sobre un sofá, estaría divagando el espíritu o esperando la llegada de la aurora.

No bien me recliné a descansar un poco cuando el compañero de marras estaba tumbándome la puerta.

Cuando le informé que Muñoz Marín deseaba que él también lo acompañara a través de la Isla, durante la segunda campaña política, exhaló con vehemencia estas palabras:

—¡Es ese un gran honor para mí!

Y manifestando eso, como un relámpago se fue a preparar los motetes.

El domingo diez, pocas horas después de levantarse el sol, a la cómoda residencia de los esposos don Bernardo Méndez y doña Ana de Méndez, en el barrio Hato Arriba, de San Sebastián, llegábamos, acompañando al Presidente del Partido Popular Democrático, estos aventureros: Tossas, Monagas, el periodista-aviador Arturo Gigante, el "Cabo" Rodríguez, Díaz Morales, Pontón, Rosado Cuevas, Cruz Boyson, Cansobre, Alvarado, Virgilio, *Michelín* y yo.

Donde nosotros "caíamos", como decían en *El Pepino*, "hacíamos hoyo".

En la residencia de los esposos Méndez íbamos a establecer los cuarteles generales por espacio de ocho días.

El fuego de la campaña se abrió en el mitin del remoto barrio Palma Escrita, de la jurisdicción de Las Marías. Después siguieron actos públicos en los pueblos de Hatillo y San Sebastián; en el barrio San Antón, de Quebradillas; en el sitio denominado "Curva de Guerrero", de Isabela, y en el barrio Tamarindo, de Aguadilla.

El jefe de la Policía Insular —señor Guillermo Arroyo— y sus subalternos acompañaron a Muñoz Marín y a los amigos de éste por todo el distrito de Aguadilla. Con toda fidelidad cumplieron su deber.

En esos mítines, y en los que siguieron luego, Muñoz Marín estuvo constantemente "machacando" sobre la conciencia de los campesinos para que no se olvidaran de estas cuatro cosas:

(1) El voto libre y limpio.
(2) Quiénes son los que ofrecen.
(3) Los líderes de la "mogolla coalicionista" —que ahora ofrecen hacer cosas buenas— estuvieron diez largos años en el poder sin hacer nada bueno por el pueblo; mientras que el Partido Popular Democrático, solamente en tres años y medio, ha estado cumpliéndole al pueblo a pesar de la guerra, la sequía y el sabotaje de las fuerzas reaccionarias.
(4) No dejarse dividir nunca: por nadie ni por nada: "Ni por cuestiones políticas, ni por cuestiones raciales ni por cuestiones religiosas".

Aquella prédica continua —dicha en forma dramática, en lenguaje sencillo, por la mañana, por la tarde y por la noche— la fueron oyendo, estudiando, analizando y entendiendo millares y millares de compatriotas en toda nuestra Isla. Y todos, —creo yo—, poco a poco, andando el tiempo, iban llegando a una conclusión: la de que, para la felicidad de los puertorriqueños, ¡había que hacer la *cruz* debajo de la insignia de la pava!

Como la lucha se estaba tornando cada vez más fuerte había

necesidad de contratar los servicios de otros chóferes. Por esta razón el sábado, 16 de septiembre, se unió a nuestra escuadra Augusto López, mejor conocido como *Tuto*. Monagas lo había recomendado.

Era tanto el interés de los campesinos y de los moradores de las ciudades en oír a Muñoz Marín que casi se aproximaba a las riberas del delirio. Una noche se estaba celebrando en Quebradillas un mitin popular. Conociendo los líderes de San Sebastián el itinerario de esa noche, sabiendo que el próximo acto era en Lares y que, de por fuerza, había que pasar por el barrio Húcar, sitio conocido por *Eneas* (del pueblo de San Sebastián), dichos líderes improvisaron un mitin en el referido sitio. A Muñoz Marín no le quedó otra alternativa que, a las nueve de la noche, a su paso por allí, bajarse del automóvil y dirigir su autorizada palabra a los numerosos compatriotas congregados en *Eneas*.

El primer mitin del día siguiente —domingo— estaba anunciado para comenzar a las diez de la mañana en el pueblo de Maricao. Ese día también se unió a nosotros, conduciendo el automóvil de *Puyí* Méndez —que era nuestro guía— el amigo Jorge Ruiz.

Al pasar nuestro presidente por el kilómetro 5, hectómetro 6, de la carretera que conduce de Las Marías a Maricao, una bondadosa campesina, bastante entrada en años, portando en alto un precioso ramo de flores, detuvo el automóvil de Muñoz Marín. Ella, reverentemente, le entregó al líder popular las flores. Al darle nuestro jefe las gracias, la amable campesina, levantando al cielo su mirada triste, y casi sollozando, exclamó:

—¡El Señor me lo acompañe!

El domingo, 17 de septiembre, finalizó la campaña de mítines en el distrito de Aguadilla.

Por la madrugada, rumbo a San Juan, batimos alas en la residencia de los esposos Méndez, prometiéndole yo a doña Ana escribir un libro sobre nuestras aventuras por aquellos alrededores.

Dicho y hecho.

LO QUE OCURRIO EN UNA CASA DE CEIBA. UNA PESADA BROMA DEL CABO RODRIGUEZ

Exactamente a las 2:15 de la tarde del viernes, 22 de septiembre, iniciamos desde Isla Verde otro nuevo recorrido. Ibamos a hacer campaña por el distrito de Humacao.

Entre las 4:00 de la tarde y las 11:00 de la noche se celebraron cuatro mítines. El primero fue el del barrio Quebrada Honda, de San

Lorenzo; después el del barrio Valenciano, de Juncos, y luego en los pueblos de Las Piedras y Gurabo.

Al finalizar el último acto Muñoz Marín fue a visitar al Padre Juan Rivera, en Humacao —paréntesis que aprovechamos algunos compañeros para ir a cenar al restaurante *El Lirio*, de don Dionisio Casillas.

A la una de la madrugada salimos de la *Sultana de Oriente* (Humacao) para ir a dormir a *El Molindero*, sitio de "El Yunque", de la jurisdicción de Luquillo.

También se unieron a nuestra caravana los siguientes compañeros: el tirador Alberto Guerrero (armado de punta en blanco), los chóferes Ayuso y Natalio Fuentes, y el policía Antonio Torres. Este había sido recomendado por el cabo Rodríguez. La gente comentaba que ya podíamos "formar un ejército".

El sábado 23 visitamos el barrio Hato Puerco, de Canóvanas. En este recorrido nos acompañaron José Díaz, conocido por *Broco*, de Humacao, y don Juan Martínez Chapel: secretario del doctor Arrillaga.

Dirigía la caravana por aquella jurisdicción el joven Mario Rivera: un activo propagandista del Comité Municipal de Canóvanas.

Como era temprano para empezar el mitin de Loíza Aldea, del mencionado pueblo, Muñoz Marín quiso darle un poco de expansión al espíritu y sugirió la conveniencia de dar, en una pequeña embarcación sin cubierta, un paseo por el río. Eran las 6:00 de la tarde cuando nuestro jefe, Monagas, Tossas, "El Cabo", Pontón, Díaz Morales, Gigante, Martínez Chapel, unos cuantos niños que rodearon a Muñoz Marín y este autor abordamos el pequeño barco.

Minutos después, para emplear el tiempo de manera útil y en lo que era hora de hablar en dicho sitio, salimos para Río Grande. En este pueblo Tossas se "destapó" como un gran orador, abriendo el acto y presentando luego al Presidente del Partido Popular.

Después seguimos viaje para el barrio Juan Martín, de Luquillo, donde también Tossas dio principio al mitin. Más tarde regresamos a Loíza Aldea, en donde se verificó un acto muy concurrido.

En muchos campos de Puerto Rico le decían a Muñoz Marín "papá" y en varios pueblos lo apodaban "el padre de la patria". Cuando por alguna circunstancia yo me encontraba solo —transcribiendo artículos para enviarlos a la Prensa o discursos para transmitirse por la radio, contestando la correspondencia o realizando cualquier otro trabajo— muchos amigos y líderes políticos, que tenían la creencia de que Muñoz Marín podía estar cerca de donde yo estaba, me hacían esta pregunta:

—¿Dónde está nuestro "padre"?

Pensando en eso voy a relatar lo siguiente:

El cabo Rodríguez, en ser alto, robusto, corpulento (de más de 200 libras), tenía cierto parecido con el Presidente del Partido Popular. Una noche, en una casa de Ceiba, donde estábamos de visita, una señora de avanzada edad entró precipitadamente, miró al derredor y, confundiendo al "Cabo" por Muñoz Marín, se le abalanzó encima. Al mismo tiempo que lo abrazaba fuertemente, pronunció estas palabras:

—¿Cómo está nuestro padre? ¡Tantos deseos que tenía de verlo de cerca!

Como la señora lo cogió de sorpresa el cabo Rodríguez puso cara de justo juez. Minutos más tarde cuando alguien chuscamente, le contó el festivo suceso a Muñoz Marín, éste lo celebró con risa estrepitosa y de larga duración.

Nosotros teníamos que visitar muchos sitios que desconocíamos en los territorios de San Lorenzo, Juncos, Naguabo y Gurabo. Por esta razón un líder popular recomendó, para que nos sirviera de guía, al joven Francisco Colón, de la calle Teodomiro Delfaus número 29, de Juncos. El orgullo de Colón era emitir vehementemente estas palabras:

—¡Pues yo soy nada menos que el anunciador de los mítines populares!

Durante el jueves, 28 de septiembre, los que nunca nos habíamos embarcado tuvimos una gran experiencia en el mar. Para ese día estaban señalados unos cuantos actos públicos en la vecina isla de Vieques, que me probó muy bien.

A las diez de la mañana, en la playa de Fajardo, sitio denominado *Puerto Real*, abordamos la lancha *Julita*, marcada P. R. 868. Los compañeros de viaje éramos Muñoz Marín, Guerrero, don Pascasio García, "El Cabo", Monagas, el licenciado Benjamín Ortiz, Tossas, Gigante, don Antonio Marín, *Pepé* Benítez, Cruz Boyson, Cansobre, Alvarado, Antonio Torres, Díaz Morales y este autor. Como una defensa, en caso de emergencia, nuestra embarcación era escoltada por una pequeña lancha marcada P. R. 1673.

Durante el viaje Muñoz Marín, como dicen en mi barrio de Bajadero (de Arecibo), me "sacó el jugo", pues desde que salimos me empezó a dictar artículo tras artículo para el periódico del Partido denominado *El Batey*. Si se piensa en la fuerte brisa que sopla en el mar —que apenas deja oír lo que se dice al lado de uno— y en el eterno movimiento de una lancha —que no permite afirmar una libreta de taquigrafía sobre las rodillas— fácilmente se comprenderá el notable esfuerzo que tuve que realizar para poder tomar el dictado de nuestro jefe. Pero ésa era una experiencia más que añadir a otras como éstas:

¡tomar dictado en la oscuridad, estar transcribiendo un importante discurso en el momento mismo de estarse pronunciando por radio, y también tomando notas dentro de un automóvil a toda marcha!

Durante aquella travesía nos dimos cuenta de que contábamos, entre nosotros, con un trío de cantantes de ópera, pues don Benjamín Ortiz, Monagas y Gigante, poseyendo voz de tenores y entonando algunos poemas dramáticos puestos en música, rompieron la susurrante brisa que pasaba.

Mientras ellos así se deleitaban otros tres compañeros, —Guerrero, Boyson y Torres—, yéndoseles las cabezas, parecían estar arrimados a las paredes. El señor "mareo" les hizo dar arqueadas.

Por fin, a las 12:30 del día, desembarcamos en Vieques, donde numerosas personas, portando banderas populares, nos esperaban. Inmediatamente recorrimos a pie, seguidos por la multitud, la distancia que separaba el muelle de la residencia de don Tomás González. Allí estuvimos un cuarto de hora, ya que teníamos que visitar también la casa de don Marcelo Rivera: presidente del Comité Municipal de Vieques. En esta casa almorzamos.

Después de un breve reposo Muñoz Marín y los otros compañeros fueron a cumplir los compromisos que tenían en los barrios Esperanza y Puerto Real, y en el mismo pueblo de Vieques, y yo me quedé en la residencia del señor Rivera para transcribir los artículos para *El Batey*.

Exactamente a las 4:25 de la tarde, sin la escolta de la pequeña lancha, salimos de la isla-municipio (Vieques). Durante el viaje de regreso supe que otro compañero nuestro se había también "destapado" como tribuno. Me refiero a Gigante. En tono de broma el Presidente del Partido Popular hizo esta declaración:

—Gigante habló más en 15 minutos que lo que habló Bernardino Villanueva, en el Senado, en ocho años.

A la hora en que el astro rey empezó a hundirse en occidente llegamos a *Puerto Real* con el ánimo dispuesto, quizás fortificado por las tonificantes brisas del mar, para proseguir la dura pelea, pues en esa ocasión el cuadro político que se presentaba era el siguiente:

El Partido Popular Democrático se estaba enfrentando con los tres partidos que formaron la Oposición Unida: el Republicano, el Socialista y el Liberal. Este último era capitaneado por doña Josefina Barceló de Romero, hija del fenecido prócer don Antonio R. Barceló.

Doña Josefina, en una agitada asamblea de su colectividad celebrada en la *Villa del Capitán Correa* (Arecibo), relevó al entonces presidente don José Ramírez Santibáñez, quien, al notar que el Partido Liberal se inclinaba pesadamente sobre el lado coalicionista, —inclinación que él no favorecía—, prefirió correr el rumbo que le mandaba su conciencia: el de respaldar fervorosamente, con la luz de su inteligencia, el fuego de su palabra y la brillantez de su talento, el programa del Partido Popular.

Para el martes, 3 de octubre, se habían anunciado mítines en el barrio Lapa, de Salinas, y en los pueblos de Aibonito y Cayey. Nuestro presidente no se sentía muy bien ese día, pero, haciendo un gran esfuerzo, asistió al primer acto. Mas no pudo concurrir a los otros dos.

Llevando entonces —desde el barrio Rabanal, de Aibonito— un mensaje de Muñoz Marín para los líderes de Cayey, en el que explicaba los motivos por los cuales no podía participar en la actividad de esa noche, Gigante se personó en el pueblo de don José Mendoza. El periodista-aviador-orador ya andaba en lenguas, pues luego supimos que cerró el acto con un discurso magistral.

Pero, mientras tanto, el cabo Rodríguez me estaba dando una broma muy pesada durante la celebración de otro mitin. No sé cómo pudo, sin ser visto por mí, escurrir sus 222 libras por entre los compatriotas reunidos en el barrio Asomante, de Aibonito, y, acercándose a la persona que hacía la presentación de los oradores, le insinuó que anunciara al público que el próximo turno correspondía "al secretario de don Luis Muñoz Marín"... Ni tardo ni perezoso, el anunciador o maestro de ceremonias pronunció mi nombre. El público empezó a palmotear. Yo me convertí en un tembleque. Con la sola mención de mi nombre ya estaba sudando el rabo. Poco me faltó, en aquel instante, para echar la cristiandad cuesta abajo, pues, aunque momentáneamente, estaba a rabiar con el cabo Rodríguez. Lo miré de reojo y estaba cayéndose de risa.

Sin embargo, no me quedó más remedio que escalar la tribuna. Empecé a hilvanar frases y más frases, buscando desesperadamente esas mágicas palabras que al final de un párrafo cualquiera realizan el milagro de apasionar a los oyentes y hacerlos aplaudir.

Al fin las encontré.

En ese caso, mientras se operaba lo que yo conceptuaba como una acción del poder divino —el ruido de los aplaudidores—, dije para mis adentros:

—Ahora me voy a desquitar. Como yo —a fuerza de tanto escucharlo— me sé de memoria el discurso de Muñoz Marín que en Asomante nunca se ha oído, ¡ese es el mismo que, para salir del atolladero en que me ha colocado el cabo Rodríguez, ahora voy a pronunciar!

Pensado y hecho.

En unos cuantos minutos recordé los tópicos predilectos de mi jefe. La gente reía con exceso cuando yo, haciéndome el que pensaba, hablaba primero de "los tres granitos de maíz" (haciendo la comparación de los partidos de la Oposición, que eran tres, y el gallito popular, que era uno solo, pero que éste se tragaba a esos "tres granitos de maíz" y, si lo dejaban, se comía con voracidad a una "mazorca" entera). Y después cuando me extendía sobre el tema de "los tres ratoncitos" (parangonando a dichos partidos de la Oposición con ese trío de roedores, y exponiendo que el Partido Popular era como el gato, que era uno solo, pero que podía engullirse fácilmente a "los tres ratoncitos").

Por ahí seguí.

Algo sobrenatural tendría que transmitirme el Supremo Ser porque los oyentes palmotearon con entusiasmo. Pero algo también como que se estaba inflando dentro de mí. ¿Acaso sería el egocentrismo?... ¡Bendito sea Dios!

Un campesino, cerca de la elevada plataforma, decía que *El Vate* tenía "muy bien 'espoleao' al secretario".

Cuando bajé de la tribuna un anciano, ignorando que el discurso era embotellado, murmuró:

—Ese muchacho es una eminencia.

SE ALTERNABAN LAS BROMAS CON UNA DOLOROSA NOTICIA, DISCURSOS Y CANCIONES

Al caer la tarde del viernes, seis de octubre, iniciamos desde Aibonito otra salida para el distrito sur. Los cuarteles generales fueron establecidos en la suntuosa residencia del señor Boscio, radicada en el barrio Corral Viejo, de Ponce. En esa ocasión se unió a nuestro grupo el policía Pacheco, quien estaba prestando servicios en el barrio Rabanal.

Complaciendo una petición de don Armando Mignucci, —un destacado líder popular de Yauco—, quien estaba en un precario estado de salud, el Presidente del Partido Popular, en la noche del sábado, siete de octubre, estuvo presente en una actividad en dicha población. A Muñoz Marín lo acompañaron los señores Andrés Grillasca y Ramón Barreto Pérez. El mitin de Yauco se salió del itinerario, ya que este pueblo iba a ser visitado cuando se recorriera el distrito de Mayagüez.

Esa misma noche partimos hacia Coamo, donde se verificó otro grandioso acto popular. Al terminarse el mitin la joven Onelia Vega obsequió a nuestro presidente con un reluciente cojín de fondo blanco y con una *pava* bordada en rojo.

Fue un día muy lluvioso el del domingo ocho. Cuando el cielo empezó a desgajarse creímos que no se podían celebrar los actos anunciados para ese día. Pero creo que la Providencia estaba a nuestro favor. Al dispersarse las nubes comenzamos a celebrar los mítines. El primer turno correspondió al pueblo de Adjuntas. Después siguió Jayuya. En este pueblo Boyson, por tener síntomas de náusea, no pudo clavar sus buenos aceros en un delicioso arroz con pollo, en unas sabrosas habichuelas guisadas y en unas agradables frituras. Uno de los compañeros, al contemplarlo paliducho en un rincón, en son de broma comentó:

—Después de todo, vayan las llenas por las vacías.

Luego, a las 2:30 de la tarde, a nuestro paso para Orocovis, nos detuvimos en el hectómetro 1, kilómetro 42, de la carretera de Jayuya a Villalba. Nos pusimos a contemplar, por las laderas de una montaña denominada *La Piedra*, el descenso del río *Doña Juana*, en la jurisdicción de Villalba. Aquel era un espectáculo maravilloso.

En ese momento el compañero Tossas, bastante inspirado, dijo:

—Esto no se ve nada más que en mi pueblo. Por eso soy tan revoltoso. Y fíjense en el contraste: el río es, en la parte de arriba, bravo, revoltoso, mientras que abajo es tranquilo, manso. Arriba está la bravura; abajo la mansedumbre.

Boyson, quien ya estaba más dispuesto, refiriéndose a Tossas, comentó:

—¡Hum...! Para ser más desgraciado se ha metido hasta a poeta.

Después seguimos rumbo a Orocovis, Juana Díaz, Villalba y Santa Isabel. En este último pueblo recibió Muñoz Marín una dolorosa noticia:

Su hijita Victoria, la querendona de cuatro años de edad, cariñosamente llamada *Melo*, había sido urgentemente recluida en la clínica del doctor Pila, en Ponce, para sufrir una operación de apendicitis.

Eran las 11:50 de la noche cuando llegamos a esa institución. El doctor José Noya, quien había sido especialmente llamado a San Juan, practicó la operación poco después del canto de los gallos. En la sala de espera, junto a los compañeros de Muñoz Marín, estaba también el amigo Dapena: secretario de don Juan Luis Boscio.

Aquella hora de tristeza pronto se disipó, porque después recibimos informes en el sentido de que había sido un gran éxito la operación de *Melito*, como yo le decía a la "querendona" de Muñoz Marín y doña Inés.

En el pueblo de Coamo —donde, en el 1940, el líder popular don Francisco L. Anselmi echó al suelo el mito de la invencibilidad de las fuerzas republicanas en aquella región— ya se daba por descontado el segundo triunfo de "la pava" en las elecciones del siete de noviembre. Creo que celebraban los mítines por no perder la costumbre, por cumplir con la ley o por aquello de seguir el paso a la tradición.

Con todo, el liderato de aquel pueblo, tal vez con el fin de alumbrar o despertar algunas mentes o conciencias dormidas, creyó conveniente llevar a nuestro presidente a los barrios Pedro García y Los Llanos. Hacia ellos nos encaminamos en la tarde del martes, diez de octubre.

En el último barrio hubo de todo: décimas, canciones y discursos. En Los Llanos fue que se lució, cantando prodigiosamente y rasgando con su brazo equivocado una bien templada guitarra, la simpática joven Rita Meléndez, quien procedía del antedicho barrio Pedro García.

"¡EL QUE VENDE SU VOTO, VENDE A SUS HIJOS...!"

En el transcurso del tiempo íbamos visitando, en la campaña de mítines, otros distritos —Mayagüez y San Juan— hasta que recorrimos el último: el de Arecibo.

Trece días antes del siete de noviembre, —a las 11:30 de la noche del jueves, 26 de octubre—, haciendo un alto en la jornada de mítines fuimos a la estación de radio *WIAC*, de Hato Rey, a los fines de proceder a la grabación de importantes frases publicitarias en discos. Estas "frases" o estos "anuncios" oportunamente se transmitirían —primero— durante la víspera de las elecciones, por la noche, y —después— durante las horas de la mañana del mismo día siete.

Mientras Muñoz Marín y este autor dejábamos nuestras respectivas voces aprisionadas en los discos, junto a nosotros, en uno de los estudios de dicha emisora, nos observaban en silencio don *Fonsito*, Raúl Gándara, Guerrero y Monagas. Y en otro estudio nos escuchaban los detectives Pontón y Díaz Morales y los chóferes Natalio, *Tuto* y *Moncho*.

Mi voz, haciendo la presentación del Presidente del Partido Popular Democrático, decía:

—¡Atención: electores de toda la Isla! ¡Atención... populares! ¡Van a escuchar la palabra de... *Luis Muñoz Marín!*

Rápido como el relámpago nuestro presidente dejaba oír su clara, impresionante, magnética y sonora voz. Aún me parece escuchar el principio de algunas de aquellas efectivas frases publicitarias:

—¡El que vende su voto, vende sus hijos...!
—La fuerza del pueblo es unirse bajo una sola insignia, en respaldo de un mismo programa de justicia social para su propio mejoramiento. ¡No se dejen dividir...!
—Los votos que ustedes den a favor del Partido Popular Democrático *no* se contarán como votos en favor de la independencia o de la estadidad o de cualquier otra forma de "status" político futuro. Se contarán, ahora como antes, exclusivamente como

votos a favor de que siga implantándose el programa de justicia social y económica del Partido Popular. *Esta es la palabra que les da a todos ustedes Luis Muñoz Marín.*

"UN CICLON POPULAR"

Un día venturoso, ¡por fin!, se soltó de las redes del tiempo: el siete de noviembre de 1944. Ansiosamente lo esperaba un pueblo. Era el día del "juicio final"; en el que más de 500,000 personas acudirían a las urnas para ajustar viejas cuentas. Y antes de que se fuera a perder ese día por el misterioso sendero de los siglos ese pueblo quiso aprovecharlo, ¡y lo empleó de manera útil! Escribió en esa fecha, para no borrarse por toda la eternidad, una página gloriosa, resplandeciente, incomparable.

En esa fecha el pueblo habló bien claro. Se limpió de polvo y paja. Se quitó las amarras del sufrimiento. Se libertó.

Lo que ocurrió en Puerto Rico durante el inolvidable siete de noviembre apenas se puede describir. Se hace difícil contarlo. Debido a mi débil o limitada mente me veo compelido a realizar un gran esfuerzo para tratar de hacer una descripción. Lo que en dicho día pasó no tiene paralelo, no tiene precedente en la historia política de un pueblo por tanto tiempo sumido en tremenda desesperación.

En ese glorioso día el Partido Popular Democrático logró una resonante victoria, un triunfo avasallador. Venció decisivamente en 34 distritos representativos. Unicamente perdió uno. Se impuso, en forma espectacular, en 73 municipios. Sólo fue derrotado en cuatro. Y copó los siete distritos senatoriales: San Juan, Arecibo, Aguadilla, Mayagüez, Ponce, Guayama y Humacao.

Fue una barrida fenomenal. Los populares pusieron una pica en Flandes. Vencieron todas las dificultades.

Lo que en ese día se registró, como muy bien ha dicho el conocido columnista Eliseo Combas Guerra, fue "un ciclón popular".

Más claro aún: Lo que por Puerto Rico pasó el siete de noviembre de 1944 fue una terrible tormenta que barrió del escenario político a determinados líderes del pueblo, haciéndoles rodar por tierra sabe Dios cuántas ilusiones.

Todavía estarán recibiendo algunas conciencias el excitante azote de aquel huracán. Y... ¡cuántas estarán desesperadas por aniquilar los lazos que las oprimen, despertar del sueño que las inutiliza, saltar la empalizada del silencio, romper el círculo que las aprisiona y caer en la plácida senda de un arrepentimiento feliz!

EL CICLO DE INICIACION DEL LIDERATO DE MUÑOZ MARIN

Altamente significativos son los números correspondientes al resumen oficial de las elecciones celebradas en Puerto Rico el cinco de noviembre de 1940 cuando se les compara con aquéllos que corresponden al resumen oficial de los comicios del siete de noviembre de 1944.

Estas dos justas electorales representan el ciclo de iniciación del liderato de don Luis Muñoz Marín y, por ello, voy a presentarle al lector un corto cuadro comparativo de ambas elecciones. En esta presentación gráfica registro los siguientes diez puntos que, a mi juicio, merecen ser recordados:

(1) En 1944 don Luis Muñoz Marín —al igual que en 1940— fue el candidato a senador por acumulación que más votos obtuvo (148,028).

(2) En 1940 el licenciado Ernesto Ramos Antonini, como candidato a representante por acumulación, recibió 112,005 votos. Fue, por lo tanto, el candidato a la Legislatura Insular que logró mayor número de sufragios.

(3) En 1940 el candidato coalicionista a Comisionado Residente en los Estados Unidos obtuvo 222,423 votos; el tripartita 131,571, y el popular 214,857. Sin embargo, la constitución de la Cámara de Representantes fue como sigue: 18 coalicionistas, 18 populares y tres tripartitas. Esto dio lugar a que ese Cuerpo, durante los años 1941, 1942, 1943 y 1944, tuviera tres presidentes: un popular (licenciado Samuel R. Quiñones), un coalicionista (doctor Rafael Arrillaga Torréns) y un tripartita (señor Rafael Rodríguez Pachecho).

(4) En 1940, de un total de 714,960 electores inscritos 146,109 no acudieron a las urnas, mientras que en 1944, de un total de 719,759 electores, solamente 127,781 dejaron de votar.

(5) En 1944 el Licenciado Ramos Antonini recibió 141,784 sufragios. O sea, 29,779 más que los que recibió, para el mismo cargo, en los comicios de 1940.

(6) En 1940 la Coalición ganó el distrito senatorial de San Juan por una mayoría de 17,777 votos sobre el Partido Popular Democrático. No obstante, en la contienda electoral de 1944, a pesar de haberse sumado los votos emitidos a favor de los partidos Liberal y Progresista, la Coalición perdió por 18,877 votos.

(7) En las justas electorales de 1940 la Unificación Puetorriqueña Tripartita y el Agrícola Puro de Puerto Rico perdieron a Caguas con el Partido Popular Democrático por 402 votos, y perdieron a Aguas Buenas con la Coalición por 30 votos. Sin embargo, ganaron el distrito

representativo número 28, integrado por ambos municipios, por mayorías de 861 votos sobre el Partido Popular y de 3,355 sobre la Coalición.

(8) En 1940 la Unificación —formada por fragmentos de los partidos Unión Republicana, Socialista y Liberal— solamente eligió tres representantes a la Cámara: un liberal (Rafael Rodríguez Pacheco) por el distrito representativo nómero 1, un uniorrepublicano (Julio Reguero González) por el número 28, y un socialista (Gaspar Rivera) por el distrito representativo número 32.

(9) En las elecciones del cinco de noviembre de 1940 la Coalición tuvo mayorías en 39 municipios, el Partido Popular en 28 y la Unificación en diez. No obstante, en la justa electoral del siete de noviembre de 1944 el Partido Popular venció decisivamente a la Oposición Unida (partidos Unión Republicana Progresista, Liberal Puertorriqueño y Socialista) en 73 municipios. Solamente perdió estos cuatro: Aguas Buenas, San Lorenzo, Culebra y Vieques. Y

(10) En 1944 el Partido Popular Democrático sacó triunfantes a 34 de sus 35 candidatos a representantes a la Cámara. Los vencedores fueron:

José Portilla	Eugenio Font Suárez
Francisco Gustavo Solís	José Luis Feliú Pesquera
Heraclio H. Rivera	Francisco García
Rafael Arrillaga Torréns	Guillermo Alicea
Esteban Susoni	María Libertad Gómez
Alfonso Bujosa	Rafael G. Exclusa
Agustín A. Vélez	Obdulio Bauzá
Baltasar Quiñones Elías	Eudaldo Báez García
Justo A. Guardiola	Ubaldino Ramírez de Arellano
Fernando Juliá Calder	Libertad Pascual
Juan Cabrer	Leoncio Santaella León
Mario Canales	Agustín Burgos
Antonio Padilla	Antonio Pacheco Padró
Fernando Bauermeister	José Mimoso Raspaldo
Esmeraldo González Porrata	Manuel Rivera Baerga
Pedro Vega Berríos	Carmelo Avila Medina
Alfonso Román García	Alvaro Rivera Reyes

El único candidato que resistió el tremendo ciclón popular fue el señor Ernesto Cádiz (liberal) del distrito representativo número 32, integrado por los municipios de Gurabo, Juncos y San Lorenzo. A pesar de ello, los 35 candidatos populares estaban en la Cámara de Representantes, ya que al amigo Pedro Torres Díaz, de Gurabo, —que fue derrotado por Cádiz por 993 votos—, lo eligieron Sargento de Armas de ese Cuerpo legislativo.

¡Esos son los números y esa es la historia!

RECUERDOS

Como mi resistencia física estaba cediendo, y era natural que así fuera después de tanto tiempo de estar en continua lucha sin sosiego, sin tregua, mi debilitado cuerpo solicitaba unas vacaciones. Comprendiéndolo así Muñoz Marín, después de la fuerte campaña que culminó en la gran victoria del Partido Popular del siete de noviembre, me dio una esperanza al darme a entender que en ese mismo mes de noviembre yo empezaría a disfrutar de una adecuada y razonable pausa en las labores.

A la verdad, mis fuerzas estaban flaqueando. Me sentía enfermo. Estaba cansado, triste, abatido. El cerebro no daba más y mis nervios mucho menos. En realidad, yo estaba soñoliento, decaído, macilento, y hasta sin bríos para seguir luchando. Las noches a centenares que perdí, más el constante laborear sin reparar las fuerzas con el sosiego (pues era el único empleado que no tenía relevo), casi me tenían el cerebro atrofiado. En dos palabras: ¡estaba aburrido! Y con razón. El tedio me estaba consumiendo.

Empero, yo abrigaba la esperanza de que, pocos días después de la última justa electoral, se me concedieran las ansiadas vacaciones. Mas no fue así.

A la una y media de la tarde del jueves, 23 de noviembre (Día de Acción de Gracias), nuestro presidente —con toda la familia y demás compañeros de lucha— salió desde Isla Verde con rumbo a la residencia de don Juan Luis Boscio, en el barrio Corral Viejo, de Ponce. Ya para esta época estaban al servicio de Muñoz Marín el Sargento de la Policía Insular —Emilio Hernández— y los agentes Germán Corujo, Alfredo del Valle, José Moreno, Tomás Figueroa, Carmelo Dávila, Nicolás Maurá, Justino Reyes y Ovidio Casta.

La idea del viaje de nuestro presidente era dictarme un importante discurso que planeaba transmitir por la radio.

Durante la jornada que hicimos me atacó fuertemente una gripe no atendida que hacía días me estaba molestando. Cuando llegamos al fin del viaje la cabeza como que se me fue. Estaba completamente mareado. No tuve más remedio que acostarme. Y entonces fue que una intensa fiebre comenzó a hacer su agosto.

Aquella noche la pasé en claro. No dormí ni durmieron mis compañeros de cuarto, pues una fuerte tos se apoderó de mí desde la medianoche hasta el quebrar del alba. Parecía que estaba, como se dice por mi pueblo de Arecibo, con el candilón en los hospitales.

No bien apuntó el día Guerrero —uno de mis compañeros de habitación— le dijo a Muñoz Marín que yo estaba enfermo. En seguida me fue a ver. Comprendiendo que, debido al viaje sin previo aviso, yo no había tenido tiempo de hacer los correspondientes arreglos para el mismo, él tuvo la bondad de mandar a comprar inmediatamente varios efectos personales que yo necesitaba. También tuvo la gentileza de mandarme a buscar a un médico. Guerrero se ofreció para hacer esas diligencias.

Una hora después, para hacerme un examen físico, llegó el doctor Fidel Alonso, del Hospital Tricoche, de Ponce. Encontró que yo tenía un tremendo agotamiento físico, una gripe que debía atender rápidamente y un punto de malaria. El doctor Alonso empezó a recetarme. En ese preciso instante entró al cuarto Muñoz Marín y, medio en broma y medio en serio, le dijo al doctor:

—Recétele unas vacaciones..., pero no para ahora...; para ¡más tarde!

Al cabo de unos días me alenté, gracias a las múltiples atenciones que todos en la casa me dispensaron, especialmente el compañero Natalio Fuentes. Este casi todo el tiempo lo pasó junto a mí: dándome las medicinas, cambiando las almohadas, cerrando las ventanas de la habitación cuando la luz del sol me cegaba la vista o cuando el cielo estaba a punto de abrir sus cataratas.

Después, a pujos, retorné a la lucha, a pesar de que el compañero Esdras Cruz —por si acaso volvía a sentirme enfermo— estaba dispuesto a relevarme.

Pasó el melancólico noviembre. Dejó el camino expedito para que pudiera lucir sus galas el bullicioso diciembre.

Cuando, en el precipicio del tiempo, se asomó el nuevo año de 1945, éste me sorprendió en mi tremenda faena, en la lucha de siempre, en la misma fuerte brega que tuvo su origen siete años atrás: en el año 1938 de mis indelebles recuerdos.

Son incontables las imágenes que, al evocar esa época, comienzan, una a una, a desfilar por mi cansada mente. La memoria que hago de las cosas pasadas, además de conmover el ánimo, causa parálisis en los sentidos y facultades del alma.

Tantos recuerdos tienen que afligir el corazón.

MIS DOS CARIÑOS

Ha llegado el momento de exponer el motivo de mi renuncia.

¿Por qué me retiré del trabajo que hacía con Muñoz Marín desde el año 1938? El lo que sabía de esto era que por varios días consecutivos dejé de ir al trabajo; que él me mandó a buscar y yo no fui; que él insistió en mandarme a buscar, repetidas veces, y que no fui. Eso era lo que Muñoz Marín sabía de esto: porque nunca le expliqué lo que estaba pasando por mi ánimo en aquellos días. Lo que estaba sucediendo en mi pensamiento lo describo ahora:

Porque tenía que atender un asunto de vida o muerte para mi madre —Calixta (*Carlina*) Alvarez—, quien, a pesar del tiempo transcurrido, todavía estaba padeciendo de una terrible caída que sufrió al descender de un carro eléctrico, no pude ir a trabajar el jueves, 11 de enero de 1945. En esa fecha se iba a celebrar una sesión extraordinaria de la Legislatura.

Cuando al día siguiente fui por las oficinas del Presidente del Senado comprendí, por los comentarios de algunos compañeros, que Muñoz Marín se había incomodado mucho porque yo había faltado al trabajo. La impresión que esos comentarios causaron en mi ánimo —debo confesarlo— fue en extremo violenta.

En mis siete años de intensa lucha junto a ese ilustre caudillo de nuestro pueblo siempre, en todo tiempo, antepuse los intereses de la gran obra en que estábamos empeñados a los intereses personales míos y a los de mi íntima familia: mis hijos. Es decir: mi norma durante esos siete años siempre fue: primero, don Luis Muñoz Marín y su redentora obra; y luego, siempre luego, en todo momento luego, mi humilde persona con la pesada cruz de los problemas a cuestas.

Por primera vez en esos siete años hice un paréntesis en esta regla mía de no dejar intervenir mis cuestiones, circunstancias o dificultades personales en el cumplimiento de mis deberes en las oficinas de Muñoz Marín. Esta vez... se trataba de mi madre.

La necesidad que de mi tiempo —sólo un día en siete años— ella tuvo era crítica. Tenía yo que ir donde ella. El urgente problema de su salud reclamaba mi rápida atención.

Había en la balanza dos deberes, dos requirimientos: uno, mi presencia en las oficinas de nuestro presidente; el otro, la atendencia de mi progenitora o la coautora de mis días. Era un asunto del corazón. Ante mis dos cariños —la gigantesca obra del querido líder a favor del pueblo y mi atribulada madre— el corazón, un solo día en siete años, me apuntaba hacia ésta, hacia la que me trajo al mundo. Y fui hacia ella.

Los siguientes dos días-- sábado y domingo-- los pasé sumido en profundas reflexiones. Apenas dormí. Volteaban en mi cerebro terribles pensamientos. Confieso que los indicados comentarios me habían molestado mucho, pero mucho. Estaba muy nervioso, desanimado, abatido.

En medio de mis cavilaciones pensé que si ni siquiera podía sacar un solo día para atender urgentes asuntos de familia era mejor renunciar, echarme a un lado, retirarme de la ardua faena... anque sólo fuera físicamente, porque jamás lo sería en el espíritu.

Se me internó en la mente la idea de que yo estaba muy esclavizado, de que debía hacer un alto en la agitada vida que llevaba, descansar un poco de la dura brega y luchar por mi libertad personal. Empero, estaba tan encariñado con la causa, con la santa obra a la que di el calor y el vigor de mis años mozos, la flor de mi juventud, que se me hacía muy doloroso despegarme de ella.

¡Qué ironía! El yugo mismo que había limitado mi vida personal durante siete largos y penosos años, el yugo del que en varias ocasiones había deseado libertarme, se había tornado, en el transcurso del tiempo, en un imán encantador que me atraía con una fuerza irresistible.

Más ¡oh destino! El abatimiento en que los comentarios del viernes me habían hundido volvió a nublar mi espíritu el lunes, 15 de enero, cuando, como de costumbre, me reintegré a mis labores en Isla Verde. La depresión de mi ánimo se extendió hasta el miércoles.

Durante esos tres días--lunes, martes y miércoles-- la impresión del desagrado de Muñoz Marín, llegada hasta mí en las mal intencionadas bromas y en la desabrida murmuración de dos compañeros, pareció comprobarse por el silencio que en todo momento él guardó para conmigo.

Entonces, ese miércoles, al caer la tarde, me retiré a mi hogar. Una ola de pensamientos me envolvió. Y, para mis adentros, dije:

> He dado todos mis esfuerzos al Partido. He cooperado con su jefe— con un generoso desinterés, con un gran desprendimiento y con toda fidelidad— por espacio de siete largos años. Si el Partido estuviera abajo sería una traición abandonarlo. Pero, gracias a Dios, está en el poder y realizando una gran obra en beneficio de mis compatriotas. Antes, durante aquellos tristes años de su organización, le presté, desinteresadamente, de todo corazón, mis humildes servicios. Mas hoy no los necesita.
>
> En aquellos tiempos el Partido era una criatura y reclamaba solícita atención, esmerado cuidado. Ahora es mayor de edad. Estuve siempre a su lado cuando apenas podía mantenerse en pie. Pero hoy camina solo.
>
> En aquellos tétricos años casi me esclavicé por él. Le di —mañana, tarde y noche, en períodos de bonanza y en épocas de tempestad— las mejores horas de mi vida. Justo es que hoy, cuando ya no son necesarios mis humildes servicios, luche por mi salud, le dé un poco de descanso a mi cuerpo, le conceda sosiego a mi espíritu, atienda a mis seres queridos y respire alguna libertad.
>
> Como luché con sinceridad, sin aspiraciones de ninguna clase, me es muy fácil renunciar a los 3,500 dólares anuales que percibo como sueldo. Por estarlos recibiendo no voy a

soportar ingratitudes, hipocresías, pequeñas mezquindades, disquisiciones injustas de los que vinieron a última hora ni miserables calumnias de los que gustan de encender la discordia.

Por lo tanto, voy a hacer un paréntesis en mi faena y me voy a descansar. Iniciaré nuevos pasos tratando de conseguir quietud en mi vida cotidiana y, como cristiano, me lanzaré a la incansable búsqueda de la paz.

Físicamente estaré lejos del gran líder puertorriqueño, del hombre que he querido como a un padre, del ser humano que me ha enseñado mucho de bondad, nobleza y compasión humana por espacio de siete largos años. Pero, espiritualmente, siempre estaré a su lado, atento al progreso de su extraordinaria tarea tratando de rescatar a la gente común y humilde de la esclavitud de la ignorancia mediante la continua enseñanza democrática de *no* vender el voto y al desarrollo de su magistral labor de redención social.

Así pensé en la noche del miércoles. Y, cuando llegó el alba, ya estaba decidido a renunciar.

Cuando *Tinín* y don Pedro Urrutia vinieron a buscarme, en la mañana del jueves, 18 de enero, para que fuera a trabajar, se sorprendieron al comunicarles mi decisión. Me pidieron explicaciones, y, al dárselas, supliqué a *Tinín* que le comunicara a Muñoz Marín el motivo de mi retiro y la decisión de renunciar. Hicieron esfuerzos encaminados a hacerme desistir de la idea, pero mi resolución era irrevocable. ¡La había madurado durante el tremendo desvelo de la noche anterior!

Ellos se fueron. Tan pronto el automóvil en que viajaban se perdió por la calle Barcelona, de la Parada 16 1/2, de Santurce, volví a sumirme en hondas reflexiones y me di a la evocación de incontables recuerdos.

Ya en mi habitación todavía le era difícil a mi espíritu desprenderse del recuerdo de Isla Verde. Y siguió divagando... y divagando.

Recordé las preguntas que *Tatín* me hacía con el fin de averiguar el verdadero motivo de mi decisión; y, haciéndome la ilusión de que ella estaba junto a mí, parecía decirle:

El silencio aquél de Muñoz Marín —que tal vez tenía una justificación, pues en las almas nobles no puede vivir el encono— por sí solo no hubiera llenado, con su amargo néctar, la copa de mi decepción. Fueron las pesadas bromas

—quizás hijas de la incomprensión— y los inoportunos comentarios de un par de compañeros los que hicieron desbordar mi irritación, los que formaron de una leve brisa un furioso vendaval, los que convirtieron una débil llama en un fuego incontenible.

Hay una pregunta que se cae por su propio peso:
¿Quiénes son esos dos compañeros que hicieron circular las chanzas y fomentaron la desapacible murmuración?

Bueno..., creo que es mejor no mencionar sus nombres. Podría en alguna forma perjudicarlos. Y en mi corazón no se anida la maldad.

Cuando se me hiere en lo más íntimo del alma trato siempre de contener —humano al fin— el primer impulso, que tiene que ser áspero, impetuoso, agresivo, duro. Y después, una vez dominada la impetuosidad, dejo que el cerebro se deslice suavemente por la senda de un pensamiento cristiano, lleno de generosidad. Entonces, como hacen los que tienen una religión, devuelvo un bien por un mal.

Además, después de todo, les vivo agradecido: porque me hicieron pensar en la terrible vida que yo estaba llevando y porque me brindaron la oportunidad de concebir un pensamiento luminoso: el de mi libertad personal.

FABRICANTES DE BROMAS, FORJADORES DE INTRIGAS Y LA "TABLITA"

Explicada la causa motiva de mi renuncia, con el cuerpo bastante cansado y con la mente un poco atrofiada, creí que era tiempo de iniciar una pausa o hacer alto en mi afanoso trabajo. Había llegado el momento del recogimiento, el instante de separarme momentáneamente de la vista o apartarme por un tiempo del trato de mis compañeros.

La acción de retirarme la llevé a cabo con pena. Pero también con una íntima satisfacción: porque creí que había sido un colaborador y compañero leal, un fiel servidor y soldado del glorioso ejército de redención que desde el 1938, valiente, honesta y sabiamente, tal vez inspirado por Dios, empezó a capitanear don Luis Muñoz Marín.

Fui uno de los protagonistas del drama de la revolución social y económica —sin sangre, sin fuego, sin metralla, sin balas, pero con inteligencia y devoción— que ese inolvidable líder hizo en esta bella Isla de Puerto Rico.

Aunque a simple vista o de primera intención la siguiente frase resulte un contrasentido o tenga viso de ser paradójica, si se discurre con mucha atención se puede llegar a este aserto: Esa *revolución* constituyó un extraordinario homenaje que se le hizo a la reina de la *paz*, porque dio el consentimiento para que, en sus respectivas existencias diarias, nuestros compatriotas se pusieran en armonía no solamente con el Supremo Ser y su prójimo, sino que también con el conjunto de las entidades que forman el universo y con ellos mismos.

Comprendí perfectamente que, en el sendero que aún tenía que recorrer en mi triste vida, me aguardaba una probanza bien fuerte. Sin embargo, confiaba en que el Cristo, en Sus distintas manifestaciones, —externo, histórico, místico, universal y cósmico—, me guiara por ese camino y en que, mientras despertaba y ejercitaba al Cristo interno que mora en mí —al *Yo Soy*—, recibiría del Altísimo la suficiente fortaleza espiritual para resistir la dura prueba.

No le he hecho mal a nadie. Por ello espero dormir tranquilamente. Si alguien, tal vez sin intención, me ha hecho mal, que se despreocupe y duerma también con un contento grande, porque recibo con tolerancia el daño moral y porque, desde el fondo de mi alma, le extiendo un piadoso perdón y le ruego a Dios que abra las ventanas de los cielos y derrame sobre él, su hogar y sus íntimos familiares las más ricas bendiciones.

Libre ya de toda preocupación, podía disfrutar de un licenciamiento honroso de la histórica tropa que se enfrascó en aquella revolución administrativa, política, cultural, económica, social y cristiana que transcurrió en paz. Y también podía, aunque con honda aflicción, emprender mi retirada, que tenía su origen o su raíz en intrigas o situaciones embarazosas.

No sé por qué entonces me asaltó un pensamiento. Hay ideas que ocurren de pronto.

Se acurrucó en una esquina de la imaginación la memorable frase aquélla del señor Muñoz Marín sugiriendo que en sitio visible de un tabique de cada hogar se instalara una "tablita" para que los puertorriqueños anotaran los nombres de los líderes o legisladores que no les cumplieran las promesas hechas durante las campañas políticas y se acordaran de ellos el día de las elecciones para votarles en contra y bajarlos del poder. Y la idea que me asaltó fue que esa "tablita", de aquella fecha a tres o cuatro décadas, tendría que convertirse en una enorme pizarra para escribir los nombres de los fabricantes de bromas o forjadores de hirientes intrigas. Estas causan aturdimiento en la conciencia, hacen añicos los filamentos del alma y destrozan las fibras del corazón.

Por buena suerte para los dos compañeros anteriormente aludidos, los nombres de ellos no aparecerán en ninguna tablita o pizarra porque su recuerdo, cuando yo lance el postrer suspiro, lo bajarán al sepulcro.

Por tanto, no vale la pena mencionarlos. No es noble perpetuarlos en las páginas de la historia.

Lo que sigue lo dije una vez y lo reafirmo ahora:

¿Para qué mencionar sus nombres? ¿Para qué hacerles daño? ¿Para sembrar la pesadumbre en el alma? ¡No!

Es preferible tener la conciencia tranquila. Si la de un par de amigos míos no lo está, ¡lo siento profundamente! La mía está en paz. Y en mi retiro, aunque ocasionalmente un poco triste y bastante olvidado, generalmente me encuentro libre y me siento feliz.

BIBLIOGRAFIA

BAYRON TORO, Fernando: *Elecciones y Partidos Políticos de Puerto Rico (1809-1976)*, 1977; y *Las Elecciones de 1980*, 1982.
CORDOVA, Lieban: *Siete Años con Muñoz Marín (1938-1945)*, 1945; y *De Mi Hoja de Apuntes*, 1964 y 1972.
DICCIONARIO histórico-biográfico de *La Gran Enciclopedia de Puerto Rico*, 1976-77.
MALDONADO, Teófilo: *Hombres de Primera Plana*, 1958.
MUÑOZ MARIN, Luis: *Memorias* (Autobiografía Pública), 1982.
PAGAN, Bolívar: *Historia de los Partidos Políticos Puertorriqueños, 1898 - 1956*, 1972.
ROSARIO NATAL, Carmelo: *La Juventud de Luis Muñoz Marín — Vida y Pensamiento — 1898 - 1932*, 1976

Este libro se terminó de imprimir
el día 26 de abril de 1985
en los Talleres Gráficos de
EDITORA CORRIPIO, C. POR A.
Calle A esq. Central
Zona Industrial de Herrera
Santo Domingo, República Dominicana